语义悖论与情境语义学

——情境语义学解悖方案研究

王建芳　著

中国社会科学出版社

图书在版编目（CIP）数据

语义悖论与情境语义学：情境语义学解悖方案研究/王建芳著 . —北京：
中国社会科学出版社，2009.8
　ISBN 978-7-5004-8050-1

　Ⅰ. 语… Ⅱ. 王… Ⅲ. 语义学—研究 Ⅳ. H030

中国版本图书馆 CIP 数据核字（2009）第 148142 号

责任编辑　　杨晓芳
责任校对　　王雪梅
封面设计　　大鹏工作室
版式设计　　戴　宽

出版发行　**中国社会科学出版社**
社　　址　北京鼓楼西大街甲 158 号　　　　邮　编　100720
电　　话　010—84029450（邮购）
网　　址　http：//www.csspw.cn
经　　销　新华书店
印　　刷　华审彩印厂　　　　　　　　　装　订　广增装订厂
版　　次　2009 年 8 月第 1 版　　　　　印　次　2009 年 8 月第 1 次印刷
开　　本　710×1000　1/16
印　　张　12.75　　　　　　　　　　　插　页　2
字　　数　215 千字
定　　价　25.00 元

国家社科基金后期资助项目

出 版 说 明

　　后期资助项目是国家社科基金新设立的一类重要项目，它是经过严格评审，从接近完成的优秀科研成果中遴选立项的。为扩大后期资助项目的影响，更好地推动学术发展，促进成果转化，全国哲学社会科学规划办公室按照"统一标识、统一版式、符合主题、封面各异"的总体要求，委托商务印书馆、中华书局、中国社会科学出版社、社会科学文献出版社和人民文学出版社，陆续出版国家社科基金后期资助项目成果。

全国哲学社会科学规划办公室

2006 年 6 月

目　录

导　论

一　悖论问题是贯穿逻辑学发展两千年的难题

悖论问题是逻辑史上最令人困惑然而却充满着迷人魅力的问题。它的诞生，如果从说谎者悖论算起，至今已有两千多年的历史。在这两千多年中，伴随着逻辑学发展的三次高潮（第一次是公元前四到三世纪，第二次是中世纪末期，即十二到十四世纪，第三次是十九世纪末至今），悖论这个难题总是要出现在逻辑学家们面前，困扰着他们。

当代英国著名哲学家斯蒂芬·里德说："悖论既是哲学家的惑人之物，又是他们的迷恋之物。悖论吸引哲学家就像光吸引蛾子一样。"但同时，"悖论又是不能忍受的。……哲学家是巫师，其任务就是拯救我们，使我们摆脱这个恶魔"。① 自古希腊起，哲学家、逻辑学家们就从不同的研究视角对悖论问题进行过深入考察和探究。为了消解悖论，众多学者殚精竭虑：亚里士多德在《智者的论辩》、《形而上学》等名篇中反复探讨过这个问题；其稍后的古希腊文法家和诗人柯斯的斐勒塔（Philetas of Cos）为解决悖论，废寝忘食，积劳成疾而死；斯多葛派逻辑学家克吕西波（Chrysippus）曾写过六部论著来阐释悖论问题；中世纪的逻辑学家们对悖论的论述更为浩繁，也许是看到悖论研究难度之大，他们赋予了悖论一个新的名称：不可解命题（insolubles）。

---

① 斯蒂芬·里德：《对逻辑的思考——逻辑哲学导论》，李小五译，张家龙校，辽宁教育出版社、牛津大学出版社 1998 年版，第 3 页。

　　及至 20 世纪初，当数学界的领袖人物之一——彭加勒刚刚满怀喜悦地宣布"数学的绝对严密性已经达到"，1901 年罗素悖论的发现恰似一枚重型炸弹，在逻辑学和数学的海洋中掀起了"惊涛骇浪"。罗素惊呼："智力活动的悲哀充分降临到我的头上"，"愉快美好的清晨不再"；弗雷格长叹："对一个科学家来说，没有任何事情比这种事情更为不幸了。这就是当他的工作即将完成的时候，他的理论大厦的一块基石突然动摇了。"布劳威尔在知道罗素悖论后，宣布自己过去对数学的研究成果全是"废话"。伴随着罗素悖论所带来的惊叹声，逻辑学家和数学家们突然回想起并认识到，两千年前古希腊人就已提出的说谎者悖论其实根本不应被看做茶余饭后的游戏和笑谈，而是与集合论悖论有着惊人相似性的一个重要科学难题，是所有悖论的"老祖父"。罗素和彭加勒都指出：一种正确解决悖论的方法必须能够同时解决集合论悖论和说谎者悖论。这样，以说谎者悖论为代表的语义悖论再次登上了 20 世纪科学研究的历史舞台，与集合论悖论一起成为学者们所关注和研究的对象。

　　面对集合论悖论和说谎者悖论给逻辑学和数学理论带来的巨大冲击，一大批数学家、逻辑学家和哲学家积极投身于悖论的研究中，从不同角度提出了各具特色的解决方案：从罗素的"简单类型论"和"分支类型论"到塔尔斯基的"语言层次理论"；从鲍契瓦的"三值逻辑"到克里普克的"真值间隙论"方案，有关悖论问题的研究取得了重大进展，但结果却并不令人满意，因为这些方案总是受损于这样或那样的缺陷而不被看做公认正确合理的解决。

　　哥德尔认为，悖论问题如不解决，形式逻辑就会"破产"，塔尔斯基认为，罗素悖论是现代逻辑学中最困难的问题之一；E. W. 贝特认为，20 世纪形式逻辑上的若干重大成就，都是从对于悖论的分析中取得的。由此看来，悖论问题的研究在逻辑学中的确举足轻重。不仅如此，由于悖论问题还广泛涉及语言学、数学、物理学、哲学、计算机科学和人工智能等多个学科，它实质上已成为一个跨学科的问题，而且是 20 世纪西方逻辑哲学和数学哲学广受瞩目的核心课题之一。

二　20世纪后期语义悖论问题成为悖论研究的重中之重

　　面对形式日渐纷繁复杂、涉及领域日渐增多的悖论难题，从何处入手才能正确地认识其本质，最终找到一种公认正确合理的解决方案？罗素认为，集合论悖论和语义悖论本质上是相同的。克林指出，现代悖论在古代的原型就是说谎者悖论。由此看来，对于以说谎者悖论为代表的语义悖论的研究有着特别重要的意义。近年来，强化的说谎者悖论更被看做一种解悖方案是否成功的试金石，因为能把许多消解方案"吸入空无"，它被以色列逻辑学家盖夫曼（H. Gaifman）喻为"语义学黑洞"，引起了诸多学者的关注。

　　就集合论悖论而言，20世纪公理化集合论系统特别是ZF和BG系统的日趋完善已有效避免了所有已知的集合论悖论。正如张建军先生所说，自20世纪30年代初哥德尔不完全定理和塔尔斯基形式语言真理理论发表之后，在对悖论的研究中，无论是从研究者构成，还是从研究内容上看，均发生了重要变化："从以逻辑学家兼数学家为主体，逐渐过渡到以逻辑学家兼哲学家为主体"，"从以集合论悖论或高阶逻辑悖论为研究重心逐渐过渡到以说谎者悖论为主要代表的语义悖论为研究重心。"① 1975年克里普克（S. Kripke）《真理论纲要》一文的发表，揭示了塔尔斯基型"经典方案"不能解决自然语言中的语义悖论问题，更把语义悖论的研究推向新的高潮：《真理论纲要》发表之后，"……关于说谎者悖论的工作如潮水般涌现出来"。② 近二三十年来，西方语义悖论的研究继续呈现出一派热潮，有关研究呈三足鼎

---

　　① 张建军：《当代西方逻辑悖论研究新进展评析》，载张建军、黄展骥《矛盾与悖论新论》，河北教育出版社1998年版，第207页。

　　② 转引自张建军：《逻辑悖论研究引论》，南京大学出版社2002年版，第141页；原文见 M. Kremer, "Paradox and Reference", in J. M. Dunn and A. Gupta (ed.), *Truth or Consequences*, Kluver Academic Pub., 1990。

立之势：语境敏感型（context-sensitive）解悖方案、语境迟钝型（context-insensitive）解悖方案、次协调逻辑（paraconsistent logic）解悖方案三大方向的研究蓬勃发展。

在上述三大类解悖方案中，语境敏感型解悖方案由于借助了语用学的重要工具——"语境"，从动态的角度来研究自然语言语句的"真"，为语义悖论问题的解决提供了一条新的途径，表现出强劲的发展势头，被看做"目前西方逻辑悖论研究中最具活力和生机的方向"。① 语境敏感型解悖方案是由美国知名哲学家伯奇（T. Burge）在1979年开创的。在《论语义悖论》一文中，伯奇提出把"真"看做单义的、外延随着语境的变化而变化的语义谓词，并从哲学和形式技术两方面对语义悖论问题进行了深刻的说明和解释。在他之后，有关研究蓬勃发展，巴威斯（J. Barwise）、盖夫曼、孔斯（R. C. koons）、西蒙斯（K. Simmons）等都对这一问题进行了不同程度的深入研究。本书所讨论的情境语义学（Situation Semantics）解悖方案就属于语境敏感型解悖方案方向的研究，该方案由巴威斯（J. Barwise）和艾切曼迪（J. Etchemendy）于1987年提出，其主要特点是引入了巴威斯等在情境语义学中所创设的"情境"概念，并以之为参量对自然语言语句所表达命题及其真值进行了动态和精致的刻画，从而在尊重经典逻辑的基础上实现了强化的说谎者悖论的语用消解。

三 情境语义学解悖方案开辟了语义悖论研究的新思路

情境语义学是20世纪80年代出现的一种语义理论，创始人是美国当代著名的数理逻辑学家、计算机和认知科学家巴威斯和语言哲学家约翰·佩里（J. Perry），代表作是1983年出版的《情境与态度》（Situations and Attitudes）。情境语义学试图从信息处理的角度来研究

---

① 张建军：《当代西方逻辑悖论研究新进展评析》，载张建军、黄展骥《矛盾与悖论新论》，河北教育出版社1998年版，第217页。

自然语言，其最明显的特征在于通过对"情境"的考察来反映和揭示自然语言意义的动态变化。在情境语义学看来，情境是由主体选择的现实世界的一部分，不同的情境类型（situation type，反映不同情境间的共性）之间存在着一定的"关联"（constraints），这种关联产生语言的抽象意义（或称语言意义，linguistic meaning），抽象意义和具体情境的结合产生语言的具体意义（情境意义）。情境语义学认为，自然语言中的语句都与一定的情境相关，同一语句由于相关话语情境（utterance situation）、言者链接（speaker's connection）和描述情境（described situation）的不同而具有不同的意义。情境语义学的这些思想得到了学界的广泛关注。1985 年，国际著名刊物《语言学和哲学》（*Linguistics & Philosophy*）专门就情境语义学这一问题进行了讨论，来自不同领域的学者，包括一些哲学家、逻辑学家、语言学家、心理学家、计算机及人工智能专家"会聚一堂"，各抒己见。1991 年，德福林（K. Devlin）在《逻辑和信息》（*Logic and Information*）一书中，进一步阐释和发展了情境语义学的有关思想。美国和欧洲不少大学还专门开设了情境语义学课程。情境语义学一度成为学术界研究的热点问题，对逻辑学、哲学、语言学、计算机及人工智能科学产生了重要影响。

　　情境语义学和语义悖论有什么关系？1987 年，巴威斯和艾切曼迪在《说谎者：论真和循环》（*The Liar, an essay on truth and circularity*）一书中，首次把情境语义学用于语义悖论的研究，提出了著名的情境语义学解悖方案。情境语义学解悖方案（即下面所说的奥斯汀型解释）建立在一种新型的命题观——奥斯汀型命题（以英国哲学家奥斯汀的名字命名）及其真值刻画的基础上。不同于罗素型命题（代表经典命题观）的认识，一个奥斯汀型命题 p 由话语所指示的现实或历史情境 s 和话语所描述的情境类型 T 两部分组成，即 $p=\{s; T\}$ 或 $p=\{s; [\sigma]\}$；一个奥斯汀型命题 p 只有在 s 属于类型 T 或者说事态 σ 属于 s 的情况下才是真的，即如果 p 是真的，那么 $s \models \sigma$。建立在情境语义学基础上的这种新型命题观——奥斯汀型命题，由于内在地包含了"情境"要素并以之为参量来考察语句所表达的命题，因此能够准确地刻画相关情境变化导致的语义变化，表明同一语句基于不同的相关情境可以表达不同的命题，并获得不同的真值：在某一情境中表达真命题，在另一情境中表达假命题。说谎句"λ：本命题不是真的"也不例外：从奥斯汀型命题的角度看，说谎句所表达命题不应被简单地记做 p 而需表达为 fs＝｛s；[Tr, fs；0]｝（设相关情境为 s）；随着相关情境的变化，说谎句将表达不同命题并具有不同的真值。可以证明：与任一实际情境 s 相关的说谎者命题 fs（fs＝｛s；[Tr, fs；0]｝）假，并且，fs 为假的事实必不属于 s（被对角线划出了 s）；当"fs 的假"在一个新情境如 s′（s′＝s∪｛<Tr, fs；0>｝）中被述说时，我们表达了一个新命题 ps′（ps′＝｛s′；[Tr, fs；0]｝），由于<Tr, fs；0>∈s′，因此 p_{s′} 真。如上关于"fs 假"和"p_{s′} 真"的刻画，其实正是对"λ_1：本命题不是真的"和"λ_2：那个命题不是真的"之真值的直觉反映。它表明，说谎句所表达的命题可以为假也可以为真，但不管为真还是为假，其所反映的都是与不同情境相关的说谎句所表达的不同命题的真值，因此，并不会构成矛盾。它还表明，奥斯汀型解释中说谎者命题的假（如fs 的假）仅从其相关情境（如 s）中被对角线划出，即它不能是与这个命题相关的特定情境中的事实而仍然可以是其他情境（如 s′）从而是现实世界中的事实。这就避免了建立在罗素型命题及其真值观基础上的罗素型解释所面临的困难：说谎者命题的假应该是现实世界中的事实，但基于悖论的痛苦，却不得不被排除到现实世界之外，成为现实世界所不能包容的"第二类事实"。

建立在情境语义学基础上的奥斯汀型解释，既坚持了世界的总体性，说谎者命题的假不必被划到这个世界之外；又保留了世界的一致性，其中的每一命题或真或假。因此，这种方案并不违背经典逻辑。另一方面，以"情境"为参量来考察说谎句所表达命题及其真值，使得说谎句基于不同的相关情境可以表达不同命题并具有不同真值。这表明，奥斯汀型解释借助"情境"要素对"真"的描述和刻画，已经由静态走向动态，由固定走向流动，更加精致和具体。情境语义学解悖方案所具有的这些特征，使之与当代西方语义悖论研究领域的其他两大类解悖方案有很大的不同：次协调逻辑学派基于已有解悖方案所面临困难的认识，提出应改变观念，接受矛盾、容纳悖论的建议。这样，经典逻辑中的不矛盾律不再适用；语境迟钝型解悖方案由于未能借助语用要素合理地揭示和刻画语句所表达命题的真值变化，因而未能很好地解决语义悖论问题。①

　　情境语义学解悖方案为语义悖论的消解所提供的新思路和新视角，得到了许多学者的关注和赞同。中国台湾"中央研究院"数学所研究员、中正大学哲学所教授李国伟先生说，通过情境逻辑对说谎者悖论的消解我们可以看到"逻辑的这种新转向多么富于活力与可能性"，它不仅能使我们从说谎者悖论这个千古难题中解脱出来，而且"解放得非常自然"。② 斯坦福大学"语言与资讯研究中心"（Center for the Study of Language and Communication）研究员、加州圣玛莉学院数学教授德福林先生说："……真正能突出这种理论（指情境理论——引者注）架构潜在威力的，就是它解决困扰了人类两千年的［说谎者悖论］。"③ 面对这样的评价，对情境语义学解悖方案的分析和研究似乎显得尤为重要。情境语义学解悖方案对说谎者悖论的消解有什么特点，实质如何？情境语义学解悖方案与语境迟钝型解悖方案、次协调逻辑解悖方案相比又有什么不同？情境语义学解悖方案是否为说谎者悖论问题提供了一个合理的解释？我们希望能通过细致地考察和深入研究，对这些问题做出客观的回答。

---

　　①　参见本书第四章。
　　②　李国伟：《把脉络带进来》，载德福林《笛卡儿，拜拜》，李国伟、饶伟立译，（台北）天下远见出版社 2000 年版，导读第 9 页。
　　③　德福林：《笛卡儿，拜拜》，李国伟、饶伟立译，（台北）天下远见出版社 2000 年版，第 330 页。

第一章　悖论和语义悖论

从历史的角度看，"悖论"一词的所指非常宽泛，两千年前出现的说谎者悖论、希帕索斯悖论和中国百家争鸣时期的老庄玄谈、公孙龙异说等都曾被称为"悖论"。在今天，"悖论"更是使用频率逐渐增高的一个术语，无论是自然科学还是社会科学的分支都常常会涉及它，许多论著更直接以之命名，"全球化的悖论"、"范式悖论"等说法已经是充斥于耳。

人们之所以对"悖论"概念做如上宽泛的理解，主要原因在于"悖论"这个词的本义涵盖面极广。从 paradox 的辞源看，"para"的意思是"相反、抵触"，"dox"的意思是"信念，已接受的观念"，二者合起来可以理解为：与通常的见解相抵触的理论、观点或说法。人们据此在宽泛的意义上使用"悖论"一词，这不难理解，也无可指摘，但就逻辑学研究而言，则应该且必须对这一概念做清晰严格的界定，否则就会重点不明，把注意力集中于许多有悖论之名而无悖论之实，或者说集中于许多习惯上被称为"悖论"但实质上并不真正构成悖论的论说上。究竟应如何定义悖论？如何对它进行分类？在悖论研究中占有重要地位的语义悖论研究状况如何？历史上出现的语义悖论有哪些？消解方案有哪些？它们是否合理地消解了语义悖论？本章拟对这些问题加以探讨。

第一节　悖　　论

在悖论研究中，悖论的定义和分类是许多学者非常关注的问题。

笔者以为，这些问题直接关系着悖论的消解，对它们的认识不同，"解悖"的切入点就不同，"解悖"的结果也可能不同。本节力图通过对悖论定义的考察，厘清现有一些被称为"悖论"的论说。

一 悖论的定义

1. 对既有悖论定义的反思

"悖论"的定义是对悖论认识的浓缩。从目前的状况看，学界对悖论的认识尚存不一致之处。关于"悖论"的定义很多，表述上也存在一定差异。以下是几种代表性观点：

（1）悖论是"挑战常识的'大理'"。[①]

（2）"悖论指由肯定它真，就推出它假，由肯定它假，就推出它真的一类命题。这类命题也可以表述为：一个命题 A，A 蕴涵非 A，同时非 A 蕴涵 A，A 与自身的否定非 A 等值。"[②]

（3）"一命题 B，如果承认 B，可推得非 B，反之，如果承认非 B，又可推得 B，则称命题 B 为一悖论。"[③]

（4）"悖论是一种导致逻辑矛盾的命题。这种命题，如果承认它是真的，那么它是假的；如果承认它是假的，那么它是真的。"[④]

（5）"所谓悖论，是指这样一个命题 A，由 A 出发，可以找到一语句 B，然后，若假定 B 真，就可推得¬B 真，亦即可以推导出 B 假；若假定¬B 真，即 B 假，又可推导出 B 真。"[⑤]

（6）"一个命题是悖论，当且仅当，从假定该命题为真或者为假出发，可以合乎逻辑地推出：如果它为真则它为假，如果它为假则它

① 黄展骥：《我的两个"悖论"定义——澄清马佩教授的误解》，《安徽大学学报》1998 年第 2 期，第 6 页。

② 《中国大百科全书·哲学卷》，中国大百科全书出版社 1987 年版，第 33 页。

③ 《辞海》（哲学分册），上海辞书出版社 1980 年版，第 453 页。

④ 《〈逻辑学辞典〉试写辞条选登》，《社会科学战线》1980 年第 2 期。

⑤ 林邦瑾：《制约逻辑》，贵州人民出版社 1985 年版，第 262 页。

为真。"①

（7）"有时逻辑悖论被看做两个陈述间的明显或真的矛盾，而这两个陈述似乎都有有力的证据支持。逻辑悖论可以来源于对逻辑规则的误解（可能因为它们未被清晰地表达或认识），对逻辑规则的违背，或逻辑规则对所讨论问题的情境的不适用性。"②

（8）"一般地，我们说一个特定的理论包含一个悖论，虽然该理论的公理看上去真且推理规则有效，但从中却可以证明两个相互矛盾的陈述，或者证明了这样一个复合陈述，它表现为两个相互矛盾陈述的等价式。"③

（9）"悖论是一种论证，即从真前提出发，通过看上去正确的推理，却得到了一个假结论。"④

（10）"逻辑悖论指谓这样一种理论事实或状况：在某些公认正确的背景知识之下，可以合乎逻辑地建立两个矛盾命题相互推出的矛盾等价式。"⑤

定义（1）是悖论定义中比较特殊的一种类型，学者们对之有贬有扬。赞扬意见认为该定义"较为独特而真切地反映了悖论的原生态的性状和特征"，⑥涵盖面较广，能够把历史上出现的著名的悖论都包括进去："适当的宽容性和模糊性正好适应了实用上的需要。"⑦贬抑意见认为该定义较为含混、空泛，且把实质上不属于悖论的论说都纳

---

①　G. H. Von Wright，*Truth*，*Knowledge and Modality*，Basil Blackwell，1984，p. 40.

②　Glenn W. Erickson&John A. Fossa，*Dictionary of Paradoxes*，University Press of America, Inc. 1998，p. 113.

③　A. A. Fraenkel&Y. Bar-Hillel，*Foundations of Set Theory*，North-Holland Publishing Company，1958，p. 1.

④　Doris Olin，*Paradox*，Acumen Publishing Limited，2003，p. 6.

⑤　张建军：《逻辑悖论研究引论》，南京大学出版社 2002 年版，第 8 页。

⑥　张金兴：《走出悖论研究的误区——评沈跃春对黄展骥悖论观的批评》，《人文杂志》1996 年第 6 期，第 40 页。

⑦　桂起权：《日常语言学派风味的逻辑分析——评黄展骥的"悖论研究"》，《人文杂志》1996 年第 3 期，第 120 页。

入悖论的范畴。笔者认为，作为对悖论的常识性了解和认识，这一描述十分方便且形象、生动，但作为悖论的定义则有所欠缺（从下定义的要求看，定义应该清晰明确，定义项和被定义项的外延必须相应相称），通过该定义人们不能准确地把握悖论的内涵，不能正确地区分悖论和非悖论。

定义（2）是一种很有代表性的观点，在一段时期内国内外不少学者对"悖论"的认识都与之类似，如定义（3）、（4）、（5）、（6）所示。这些论述的共同点在于明确刻画了悖论之"矛盾互推"的特性且把悖论的属概念看做"命题"（即认为悖论是一个特殊的命题）。

定义（7）揭示了悖论中所包含的"矛盾"及其地位的同等性：矛盾双方都有有力的证据支持。这一点具有重要意义，表明悖论中矛盾双方的任意一方都不能被否证，有利于我们更好地区分悖论和普通的逻辑矛盾。但该定义后半部分的表达不能令人满意，悖论的产生源于对逻辑规则的违背或误解的说法，显然是对悖论概念做了较为宽泛的理解（如对谬误型悖论的认可）。此外，该定义没有讨论悖论的属概念问题。

定义（8）给出了构成悖论的三要素：公理看上去真、推理规则有效、"证明"了矛盾（或推出矛盾等价式），但没有讨论悖论的属概念是什么。

定义（9）同样给出了构成悖论的三要素：真前提、看上去正确的推理、假结论，同时把悖论的属概念归结为"论证"。但是，"推理看上去正确"的说法不太严谨，因为"看上去正确"未必真的正确，也就是说，导致悖论的推理有可能是不合乎逻辑的，这样的理解显然过于宽泛。此外，把悖论的属概念归结为"论证"的做法需要进一步斟酌（参见以下对定义（10）的说明）。

相比之下，笔者更赞成定义（10），它具有两个方面的优势：第一，合理地揭示了悖论的构成要素：公认正确的背景知识、严密无误的逻辑推导、能够建立矛盾等价式。张建军先生曾对这三个要素进行过充分的说明："如果'悖论'所由以导出的背景知识并非特定领域认知主体的共识（特别是在推导过程中隐含地使用了并非共识的前提），则相对于该领域而言就不成其为悖论；如果在悖论的推导过程中出现了逻辑错误，则该'悖论'之成立就失去了逻辑依据；如果推导的结果无法建立矛盾等价式（矛盾双方不能得到同等有力的证明或否证，这种情况一般是对一方的支持和对另一方的拒斥），'悖论'就失掉了其形式特征。"① 第二，准确地界定了悖论的属概念：理论事实或情境。悖论不是一个命题，单从命题本身的特殊性不能完全刻画悖论的特性。同样，悖论也不是一个论证，因为悖论是被发现的，关于悖论的论证是被发明的：② 悖论本身是一个理论事实，作为理论中客观存在的事实，它先于主体的认知、先于主体的论证而存在且不可被修正。与之不同，关于悖论的论证与主体密切相关，从某种意义上说，它是被主体"发明创造"的，因为主体可以选择不同的论证方式对悖论这一事实进行阐释说明，而且可以根据需要不断修正其论证。由此看来，把悖论的属概念归为"理论事实"，在一定程度上阐明了悖论的客观性。

2. 悖论的形式特征

悖论的形式特征似乎应该内含于悖论定义的讨论中，但为突出和强调学者们在该问题认识上的差异，这里单列出来加以讨论。从悖论的产生看，其表现形式具有多样性，既有矛盾互推式、矛盾直接证明式，又有矛盾间接证明式、二难循环式。③ 究竟应采用哪种形式作为对悖论形式特征的刻画？不同的学者有不同的认识，目前大致存在三种观点，分别是 $p \wedge \neg p$（矛盾被证式）、$p \leftrightarrow \neg p$（矛盾互推式，即矛盾等价式）以及 $p \leftrightarrow p^-$。

第一，悖论的形式特征为"矛盾被证式"（$p \wedge \neg p$）。

---

① 张建军：《悖论与科学方法论》，载张建军、黄展骥《矛盾与悖论新论》，河北教育出版社 1998 年版，第 115～116 页。

② 张建军：*A Study of the Definition of "Logical Paradox"*，载林正弘主编《逻辑与哲学》，（台北）学富文化事业有限公司 2009 年版，第 26 页。

③ 张建军：《悖论与科学方法论》，载张建军、黄展骥《矛盾与悖论新论》，河北教育出版社 1998 年版，第 108～109 页。

黄展骥先生主张用"矛盾被证式"（p∧¬p）作为悖论的形式特征。理由如下：第一，"矛盾互推"仅是"矛盾被证"的一种类型；第二，"矛盾仅被推论出"不同于"矛盾被证"。①

众所周知，初始的说谎者命题（所有的克里特人都是说谎者）和中国古代出现的"以言为尽悖"等四个辞，仅能够由 p 推出¬p，因而被称为"半截子悖论"。半截子悖论的一个明显特征是"矛盾仅被推论出"而不能被证。鉴于不少论者把"矛盾仅被推论出"和"矛盾被证"混为一谈，黄先生强调"矛盾被证"不同于"矛盾仅被推论出"无疑是有意义的，但其关于"矛盾互推"仅是"矛盾被证"的一种类型的断言值得进一步推敲：它意味着"矛盾被证"的外延大于"矛盾互推"的外延，"矛盾被证"包括了"矛盾互推"；而事实上悖论所涉及的"矛盾被证"与"矛盾互推"从语用学的角度看是相互等价的。尽管从语义的角度看"矛盾"不能被证明，如冯·赖特所说"矛盾就其本性而言是不能被证明的东西，［证明］一词的意义自动排除了证明矛盾的说法"，② 但从语用学角度考察，"能够为某一认知共同体所承认的证明，都是从该共同体所公认的前提（其确信为真但并非必定为真——引者注）经严格推导而建立起来"。③ 在这个意义上，"矛盾被证"与"矛盾互推"不存在什么分别，它们之间不存在哪个外延更大，也不存在包括与被包括的问题。考虑到"矛盾被证"的说法容易产生分歧和争议，且普通逻辑矛盾的通常表达形式也为 p∧¬p，选择矛盾互推式作为悖论的形式特征似乎更好。

第二，悖论的形式特征为 p↔p⁻。

罗翊重先生提出用 p↔p⁻（p⁻表示对 p 之质项的否定）作为悖论的形式特征，理由是：形式为 p 和¬p 的逻辑矛盾命题，不但有质项的矛盾，还包括量项的矛盾；而悖论中所包含的矛盾"仅是亚里士多

---

① 黄展骥等：《思维与智慧——大众逻辑》，远方出版社 1999 年版，第 130、132 页。

② 参见陈波《冯·赖特》，（台北）东大图书公司 1998 年版，第 240 页。

③ 张建军：《论作为语用学概念的"逻辑悖论"——兼复马佩先生》，《江海学刊》2001 年第 6 期，第 79~80 页。

德意义的命题谓语部分的质项的矛盾或谓项的矛盾";① 所以，应用 $p \leftrightarrow \bar{p}$ 作为悖论的形式特征以揭示悖论所包含矛盾的特殊性。

通过对矛盾命题的考察可以看出，这些命题的确不仅可以表现为单纯质项上的矛盾（量项不变），而且也可表现为质项和量项都矛盾的命题。例如，"所有的战争都是正义的"和"所有的战争都不是正义的"这两个命题仅表现为质项上的矛盾；而"所有的乌鸦都是黑色的"和"有的乌鸦不是黑色的"就不仅有量项上的矛盾，而且包含质项上的矛盾。罗先生对质项矛盾或质项、量项皆矛盾等矛盾形式的考察，反映了人们对悖论所涉矛盾问题的深入思考。罗先生主张悖论仅包含"命题谓语部分的质项的矛盾或谓项的矛盾"，故须排除量项上矛盾的形式，这一认识具有一定的合理性，因为语义悖论的典型代表说谎者悖论中所包含的矛盾就是质项上的矛盾，并且像"所有的克里特人都是说谎者"这样的命题，正是因为涉及量项矛盾——对它否定之后，量词"所有的"（全称）要变成特称"有的"，所以只形成了半截子悖论而非真正的悖论。② 但是，罗先生的结论却不适用于所有的悖论，如说谎者悖论的变体"如果 $2+2=4$，那么本命题是假的"，这里悖论性命题是一个复合命题，它并不包含"命题谓语部分的质项的矛盾"。因此，把 $p \leftrightarrow \bar{p}$ 作为悖论的形式特征是不准确的。

第三，悖论的形式特征为"矛盾互推式"（$p \leftrightarrow \neg p$）。

张建军先生主张，悖论的一个典型特征是能够建立矛盾等价式（$p \leftrightarrow \neg p$）。"能够建立"表明悖论的表现形式不是唯一的，所以，张先生并不排斥"矛盾被证"的形式，但他似乎更愿意使用 $p \leftrightarrow \neg p$ 作为对悖论形式特征的描述。他认为，$p \leftrightarrow \neg p$ 相对于一定的背景知识被建立，就意味着在这些背景知识的参与下，p 和 ¬p 可以合乎逻辑地互

---

① 罗翊重：《东西方矛盾观的形式演算》，云南科技出版社 1999 年版，第 3 卷，第 105 页。

② 王建芳：《半截子悖论成因探析》，《晋阳学刊》2001 年第 1 期，第 53 页。

推，"这样在形式特征上就可显示出悖论之'悖'"。[1]

从揭示悖论中所含矛盾与普通逻辑矛盾以及半截子悖论之间存在的差异的角度看，主张用 p↔￢p 作为悖论的形式特征是十分合理的，它有助于人们正确地认识和把握悖论的特殊性，并从形式上区分普通逻辑矛盾与半截子悖论。但必须注意，矛盾等价式的建立并非仅和语形、语义相关，相反，它的建立总是基于一定的语用背景，因此，悖论研究绝不可孤立地理解矛盾等价式而必须把它同"公认正确的背景知识"这个前提条件联系起来。

二　悖论的分类

悖论的分类与悖论的定义密切相关。对悖论的定义不同，对悖论指称范围的认识就不同，对悖论的分类当然也就存在差异。如前所述，尽管"悖论"早已是个常用名词，然而却一直未有清晰统一的界定。由此出发，学者们对于悖论的分类亦存在一定差异。以下是一些学者的观点：

（1）悖论从总体上看可以分为两大类：一类是逻辑悖论或称集合论悖论，另一类是语义悖论。[2]

（2）悖论可分为以下三种类型：

A　常见悖论：包括罗素悖论和说谎者悖论；

B　说真话型悖论：如"我说的这句话是真话"，这种悖论需要根据具体情况求解，就命题本身而言无所谓真假；

C　先有条件型悖论：如"如果这句话是真的，那么我明天在东京"。[3]

---

① 张建军：《再论悖论是一种特殊的逻辑矛盾》，载张建军、黄展骥《矛盾与悖论新论》，河北教育出版社 1998 年版，第 81 页。

② 参见 F. P. Ramsey, "The Foundation of Mathematics", Reprinted in D. H. Mellor（ed.）, *Foundations*, Humanities Press, 1978, pp. 58~100。

③ B. Hansson, "Paradox in Semantic Perspective", in Jaakko Hintikka, Ilkka Niiniluoto and Esa Saarinen（ed.）, *Essays on Mathematical and Philosophical Logic*, Holland, 1979.

（3）悖论主要包括以下三种形式：

A 佯谬：一种论断看起来好像是错了，但实际上却是对的；

B 诡辩：一种论断看起来好像是对的，但实际上却错了；

C 一系列推理看起来无懈可击，却导致逻辑上自相矛盾。①

（4）悖论包括六种类型，分别是：

A 语义悖论：与语言相关，如说谎者悖论；

B 伊璧门尼德悖论：所有的克里特人都是说谎者；

C 欧布里得悖论：本陈述是假的；

D 逻辑悖论：最著名的例子是芝诺悖论；

E 连锁悖论：如谷堆悖论；

F Smarandache悖论：意思是所有的一切都是可能的，也是不可能的。②

（5）从广义的角度来看，（逻辑）悖论可分为狭义逻辑悖论、哲学悖论、具体理论悖论三大类。其中，每一类又可进一步连续划分：

狭义逻辑悖论：包括集合论—语形悖论、语义悖论、语用悖论（如认知悖论、合理选择或合理行动悖论）三种类型；

哲学悖论：包括芝诺悖论、康德的二律背反以及模糊悖论、归纳悖论、道义悖论等多种类型。

具体理论悖论：包括光速悖论、波粒二象悖论等。③

从上述分类可以看出，观点（1）刻画的是狭义悖论，受当时历史背景制约具有一定的局限性；观点（2）、（3）和（4）刻画的是广义的悖论，从中可以看出，不少学者对悖论的分类缺乏清晰明确的标准，所导致的结果或是被称为"悖论"的论说的混杂，或是遗漏了一些真正的悖论（如哲学悖论和具体科学悖论）；观点（5）以三要素

---

① 蒋星耀、何纯瑾：《悖论纵横谈》，《自然杂志》1992年第6期，第455页。

② http：//www. andrews. edu/～calkins/math/biograph/199899/topparad. html.

③ 参见张建军《广义逻辑悖论研究及其社会文化功能论纲》，《哲学动态》2005年第11期，第48页；张建军：《逻辑悖论研究引论》，南京大学出版社2002年版，第21～27页。

（公认正确的背景知识、严密无误的逻辑推导、能够建立矛盾等价式）为标准来厘清关于"悖论"的论说，凡是符合三要素者为悖论，不符合者便不是真正的悖论；以公认正确背景知识的视阈为依据对悖论进行分类：狭义悖论所由以导出的背景知识是日常理性思维主体所接受的知识和信念，其推导和结论都可得到严格的形式塑述。哲学悖论由以导出的背景知识是一些基本的哲学命题。具体理论悖论由以导出的背景知识常常表现为某些具体科学理论背景和经验事实。① 相比而言，这种分类方式标准明确、层次清晰，更富秩序和条理，可以有效地避免被称为"悖论"的论说的混杂或遗漏。

三　半截子悖论和悖论的拟化形式

半截子悖论和悖论的拟化形式是悖论研究需要注意的两个问题，只有正确地区分悖论（指严格悖论，以下同）、半截子悖论和悖论的拟化形式，才能真正把握悖论的本质。

1. 半截子悖论

悖论的形式特征是能够建立矛盾等价式。与之不同，"半截子悖论"的形式特征是"只能由真推假却不能由假推真"，因而不能建立矛盾等价式。能否建立矛盾等价式是半截子悖论和悖论的一个重要区别。

半截子悖论的一个主要代表是公元前六世纪伊璧门尼德提出的说谎者悖论。伊璧门尼德说："所有的克里特人都是说谎者。"这样，如果伊璧门尼德所言为真，那么据其断言以及他本人也是克里特人的事实，可以推知他在说谎，即他说的是假话。用 A 表示"所有的克里特人都是说谎者"，则我们能够由 A 推出非 A；但另一方面，却不能从非 A 推出 A 来：因为如果伊璧门尼德所言为假，则"并非所有的克

_____

① 参见张建军《逻辑悖论研究引论》，南京大学出版社 2002 年版，第21页。

里特人都是说谎者",而这等价于"有的克里特人不是说谎者"。英国女哲学家苏珊·哈克由此指出,"伊壁门尼德悖论的悖论性较之说谎者悖论要小,因为它虽不能无矛盾地设定为真,但可无矛盾地设定为假。"① "半截子悖论"的名称恐怕也由此而来。

中国古代《墨辩》中提出的四个类似悖论的辞,"以言为尽悖"、"非诽者,悖"、"学之无益"、"知知之否之足用也,悖",与伊壁门尼德提出的说谎者悖论相似,也都只能从 A 推出非 A 而不能从非 A 推出 A 来。因此,它们也都是典型的"半截子悖论"。但显然也有一些学者对此存在不正确的认识。例如有学者说,"在中国古代,我们也只在《墨辩》里看见了真正的悖论分析","《墨经》显然是发现了悖论真假互推的性质,并以此构成巧妙的辩驳……"② 还有学者认为,伊壁门尼德悖论能够"真假互推":"如果他说的是假话,那么他像任何其他克里特人那样都是说谎者,所以他说的是真的。于是,如果他说的是假的,那么,他说的是真的。"③ 这里,"真正的悖论分析"的说法比较含糊,而"真假互推"的说法显然未能正确揭示半截子悖论的特征。

形成半截子悖论的原因是什么?半截子悖论与说谎者悖论之间存在什么差异?笔者认为,二者的根本区别在于一个是非纯粹的自我指称,一个是纯粹的自我指称。非纯粹的自我指称导致否定后的"自我"已经不是原来的"自我",命题无法回归到对自身的肯定;而纯粹的自我指称表现为完全的自我封闭,因此无论肯定还是否定都只涉及自身。④

---

① Susan Hacck, *Philosophy of Logics*, Cambridge University Press, 1978, p. 136.

② 李蓝:《悖论与语言的相关性研究》,《中国人民大学复印资料〈逻辑〉》1994 年第 1 期,第 19、21 页。

③ 弓肇祥:《真理理论——对西方真理理论历史地批判地考察》,社会科学文献出版社 1999 年版,第 230 页。

④ 王建芳:《"半截子悖论"成因探析——严格悖论和"半截子悖论"的比较研究》,《晋阳学刊》2001 年第 1 期,第 50～55 页。

2. 悖论的拟化形式

悖论的拟化形式（imitation of paradox）是张建军先生在悖论研究中提出的一个名词，类似西方学者所说的"伪悖论"（pseudo-paradox）、"准悖论"（para-paradox）。具体而言，"凡仅具备悖论的形式特征，但不具备悖论的第一要素，即其推导所依据的前提并非'公认正确的背景知识'者，称为悖论的拟化形式。"① 笔者通过进一步研究发现，拟化形式实际上可以分为三种类型：第一，缺乏"公认正确的背景知识"；第二，缺乏"同等有力的证明"；第三，同时缺乏这两者。

（1）类型一：缺乏"公认正确的背景知识"

1918 年罗素提出了罗素悖论的通俗版——理发师悖论，该悖论通常表述如下：塞维利亚村的一名理发师制订了一条店规，"本理发师给并且只给村子里那些不给自己刮胡子的人刮胡子。"问："该理发师是否应该给自己刮胡子？"很明显，如果他不给自己刮胡子，按照店规，他就应该给自己刮胡子；可是，如果他给自己刮胡子，那么按照店规，他又不应该给自己刮胡子。无论如何，他似乎既应该给自己刮胡子，又不应该给自己刮胡子。张建军先生指出，理发师悖论中矛盾等价式的建立依赖于这样的前提：问题的论域是该村村民的集合且该理发师也是该村的村民，但如上前提"在任何意义上都不是难以否定的'公认正确的背景知识'"。② 例如，根据汤姆逊对角线引理可以推论，在任一确定的集合 S 中都不存在这样的元素，它以而且仅以那些不属于自己的集合为自己的元素。因此，如果假设 S 是塞维利亚村村民的集合的话，那么，在 S 中必然不存在这样的村民，他给而且只给那些不给自己刮胡子的人刮胡子。"理发师之自相矛盾的根源也在于他的店规违背了引理的这个推论。"③ 因此，理发师悖论只是罗素构造

① 参见彭漪涟、马钦荣主编《逻辑学大辞典》，上海辞书出版社 2004 年版，第 609 页。

② 同上书，第 611 页。

③ 张建军：《对角线方法、对角线引理与悖论研究》，载张建军、黄展骥《矛盾与悖论新论》，河北教育出版社 1998 年版，第 153 页。

出来帮助人们理解其集合论悖论的拟化形式，它并不像罗素悖论那样真正能够构成一个悖论。

在理发师悖论的基础上，近年来学者们还构造了许多拟化形式的悖论，如"我爱也只爱那些不爱自己的人"。问："我是否爱自己?"答："我爱自己当且仅当我不爱自己。"事实上，存在如下公式：我 R 自己当且仅当我不 R 自己。这里的 R 可以是任何一种二元关系，诸如爱、恨、崇拜、喜欢、拥护、欺骗、打击、推荐、介绍、催逼等。①这种类型的悖论与理发师悖论类似，其由以导出的背景知识也不是公认正确的。正如张建军先生所说，"拟化形式中矛盾等价式的出现只是对某个明显成问题的前提的证伪或归谬。"②

（2）类型二：缺乏"同等有力的证明"

悖论中矛盾等价式的建立意味着矛盾双方被"同等有力地证明"。就悖论中所包含的矛盾双方而言，其由以导出或建立的依据必须是同等有力的，否则便会构成对一方的否证，从而不能真正构成悖论。以说谎句"p：p 不是真的"为例，在公认正确的背景知识下，我们经过合乎逻辑的推理所得到的结论 p 和非 p，作为矛盾双方，其被导出或建立的依据是公认同等正确的——我们不可能通过对一方的支持和对另一方的否证消解矛盾。

矛盾双方是否被"同等有力地证明"，这一点对于悖论的把握具有重要意义，因为许多习惯上被称为"悖论"的论说，看似能够建立矛盾等价式，但其中的矛盾双方由于不能被同等有力地证明，因此，所谓的矛盾等价式就只是一个形式而已，由此构成的"悖论"就不可能是真正的悖论。下面对道义逻辑中"义务冲突悖论"的分析表明，"同等有力的证明"是衡量能否构成悖论的一个重要标准。矛盾双方若缺乏"同等有力的证明"，就不可能形成真正的悖论。

在道义逻辑领域，"义务冲突悖论"是非常有名的"悖论"。"柏

---

① 吴学谋：《泛系：不合上帝模子的哲学》，武汉出版社 1996 年版，第 150 页。

② 张建军：《悖论与科学方法论》，载张建军、黄展骥《矛盾与悖论新论》，河北教育出版社 1998 年版，第 111 页。

拉图悖论"和"萨特悖论"都属于这种类型。[①]"柏拉图悖论"内容如下：一个朋友将他的枪留在"我"处，告诉"我"晚上他将取走，"我"许诺可以随时归还给他。晚上他狂躁不安地来取他的枪，并宣称要射杀他的妻子，因为她对他不忠实。"我"应当还给他枪，因为"我"许诺要这么做——这是一种义务。然而"我"又不应当这么做，因为那样将使"我"对一件谋杀案负间接责任，"我"的道德原则也使"我"认识到那样做是错误的。"我"将如何行动呢？如果按照承诺，"我"应该还枪；但如果根据对还枪后果的考虑，"我"又不应该还枪。既应该还枪，又不应该还枪，"我"面临悖论性的困境，陷入深深的矛盾中。显然，在柏拉图悖论中，违背承诺的后果与执行承诺（还枪）而对朋友拿枪杀人置之不理的后果，从伦理道德的角度来衡量，并不是同等有力的。后者已经涉及法律制裁，程度远比前者严重得多。这表明，"我应该还枪"和"我不应该还枪"这两个相互矛盾的义务并未得到"同等有力的证明"，因此不能构成悖论，其结果也只能是通过对其中一个义务的否证，走出这个道义困境。

"萨特悖论"内容如下：一个年轻人的哥哥在抵抗德国法西斯入侵中牺牲了，因此这个年轻人想加入"自由法国运动"为他的哥哥报仇。但是这个年轻人的母亲因为失去了大儿子而深深地痛苦并更加害怕会失去小儿子。那么，这个年轻人是留在他母亲的身旁，还是加入抵抗组织呢？他陷入了困境。"萨特悖论"所揭示的二难选择是人们在日常生活中经常遇到的难题，但它并不真正构成悖论，因为"留在母亲身旁"和"加入抵抗组织"这两个义务并不是等同的，因此，最终的结果是一个义务对另一个义务的否证而不能合理地建立矛盾等价式。正如雷歇尔（N. Rescher）所表明的那样，"在两个均具有高度可接受性从而均具有似然性的命题之间，具有更高似然性的命题具有认知优先性。倘若两个命题发生冲突必须放弃一个时，则应保留具有认

---

① Azizah al-Hibri, *Deontic logic：A comprehensive Appraisal and a new Proposal*, University Press of America，1978.

知优先性的命题"。①

总之，由于矛盾双方不能被同等有力地证明，如上这些被称为"悖论"的"义务冲突"实质上都不构成悖论而只是悖论的另一种拟化形式而已。

（3）类型三：同时缺乏"同等有力的证明"和"公认正确的背景知识"

这种类型的拟化形式的一个典型例证是"半费之讼"。如果说，在"柏拉图悖论"和"萨特悖论"中矛盾双方的"非同等有力证明"还不是十分明显的话，那么，在"半费之讼"论证中矛盾双方的"非同等有力性"已经是显而易见的了。同时，"半费之讼"的论证还违反了"公认正确的背景知识"这一要求。

"半费之讼"的内容如下：古希腊时期有一个学生向他的老师学习论辩术。师生二人签订了一份合同，合同规定：学生先交一半学费，另一半学费等学生毕业后打赢第一场官司付清。学生毕业后迟迟不肯开张，老师的另一半学费没有着落，老师不得已向法院起诉。老师论证如下：

> 如果这场官司我打赢了，那么，按照法庭的判决，学生应付我另一半学费；
> 如果这场官司学生打赢了，那么，按照合同，学生也应付我另一半学费；
> 这场官司或者我打赢了，或者学生打赢了，
> 总之，学生都应该付给我另一半学费。

学生不甘示弱，立即构造了一个反二难推理：

> 如果这场官司我打赢了，那么，按照法庭的判决，我不应付

① 参见彭漪涟、马钦荣主编《逻辑学大辞典》，上海辞书出版社2004年版，第626页。

老师另一半学费；

　　如果这场官司老师打赢了，那么，根据合同，我也不应付老师另一半学费；

　　<u>这场官司或者我打赢了，或者老师打赢了，</u>

　　总之，我都不应该付给老师另一半学费。

　　"半费之讼"能否构成悖论？有学者认为，"半费之讼"具有悖论的三个基本特征：推理的合逻辑性和结论的矛盾性；自我涉及性和矛盾循环性；客观普遍性和不可避免性，因此"半费之讼"应该是一个悖论。① 笔者对此存有疑义，因为上述有关悖论的三个基本特征的概括是值得推敲的，它不仅遗漏了"公认正确的背景知识"这一至关重要的内容，而且也没有认识到"矛盾双方被同等有力地证明"的重要性，有关"半费之讼"的论证正是在这些方面出现了错误。

　　很明显，在师生二人的论辩中，存在着"合同"和"法庭"双重标准的问题。师生二人都分别选择对自己有利的标准（或按照合同，或按照法庭判决）作为论证的依据，这是不正确的。事实上，无论谁打赢这场官司，判定"是否付另一半学费"的依据只能是法庭的判决，先前签订的合同只能在审判中充当证据且在审判结束后不再发挥效用。由此可见，"半费之讼"论证结论的矛盾是由其理由的片面性造成的。在这里，矛盾由以产生和建立的依据并不是同等有力的，矛盾双方并不能被同等有力地证明为真。此外，"或者打赢了，或者打输了"这一前提并未穷尽所有可能（还存在"和局"的情况）。总之，虽然关于"半费之讼"的论证可以建立矛盾等价式，但由于其中所涉及的矛盾双方并不能被同等有力地证明，并且其由以导出的前提之一还明显的存在漏洞而非公认正确的，因而只能算作悖论的一个拟化形式而不是真正的悖论。

　　对拟化形式悖论的消解，并不是很困难的事情，只需指出其对

----

　　① 朱珏华：《"半费之讼"是一个悖论》，《西南师范大学学报》1998年第5期，第21～24页。

"公认正确的背景知识"的违反，或者说明其中所包含的矛盾双方不能被同等有力地证明，就可以破斥和消解它们。正因为如此，悖论的拟化形式与悖论的区分具有重要意义，它使我们能够更深刻地认识到悖论的实质，为悖论的消解奠定基础。当然，拟化形式的探讨也不是没有意义的，它不仅能够"将悖论的阐释通俗化"，而且，"某些形式也具有其独特的研究价值，可以启发剖析和解决悖论的方法和思路。"①

第二节　语义悖论

语义悖论是悖论家族中历史最为悠久的一种类型。它的产生，即使从说谎者悖论的提出算起，也已经有两千多年的历史了。从最初被视为茶余饭后的文字游戏到被看做一个严肃的科学难题，语义悖论日益受到学者的关注与重视。如果说，1901 年罗素悖论的发现重新燃起了悖论研究的热情，那么，20 世纪 30 年代以来，随着悖论研究重心的逐渐转移，语义悖论研究再次掀起新的高潮。近二三十年来，西方语义悖论的研究呈现出强劲的发展态势，形成了语境敏感型解悖方案、语境迟钝型解悖方案、次协调逻辑解悖方案三足鼎立的辉煌局面。

一　语义悖论之所指

如果悖论所赖以产生的公认正确的背景知识涉及"真"、"假"、"意义"、"指称"等语义概念，那么，这样的悖论被称为"语义悖论"。以此为据，历史上出现的语义悖论主要有以下几种：②

---

① 张建军：《悖论与科学方法论》，载张建军、黄展骥《矛盾与悖论新论》，河北教育出版社 1998 年版，第 111 页。

② 1955 年英国学者吉奇（Geach）所构造的一个悖论（后称吉奇悖论）也属于语义悖论。参见彭漪涟、马钦荣主编《逻辑学大辞典》，上海辞书出版社 2004 年版，第 613 页。本文没有列出。

说谎者悖论：公元前四世纪，欧布里得把伊壁门尼德的话语修改为"我正在说的这句话是谎话"，由此建立了严格的说谎者悖论，拉开了悖论研究的帷幕。欧布里得的这句话具有非常奇怪的特征：假设这句话为真，由这句话的语义，可析出它为假；假设这句话为假，因这句话本身阐明的正是它自身为假，又可推出它为真。在之后的发展中，说谎句或说谎者命题还产生出多种变体，但无一例外地都具有矛盾互推的特性，我们将在后面专门论述。

格雷林悖论：也叫非自谓悖论，是格雷林于 1908 年提出的。主要内容如下：形容词可以分为两类：一类是"自谓的"，具有自身所代表的性质，可以用来形容自身或者说对自身为真。如"中文的"这几个字本身就是用中文写的，"短的"这个词本身是短的；另一类是"非自谓的"，不具有自身所代表的性质，不能用来形容自身，对自身来说不真。例如，"红色的"这几个字本身不是红色的，"英文的"不是用英文形式表达的。问："非自谓的"这一形容词是否可形容自身，即它自身是不是"非自谓的"？可以推知：如果"非自谓的"是自谓的，那么，它就是非自谓的；如果"非自谓的"不是自谓的，则它又是自谓的。

理查德悖论：法国人理查德于 1905 年提出，是关于可数性定义的悖论。设 D 为可用有限个文字加以定义的十进位小数组成的集合，令其元素分别被有序化为 D_1，D_2，D_3，…D_n…。$D_n = 0. X_{n1} X_{n2} X_{n3} \cdots X_{nn} \cdots$。再设 S 表示这样一个小数，当 D 中第 n 个小数为 m 时，S 中第 n 个小数为 m+1（$m \neq 9$）或 0（$m = 9$）。这样，S 必然与 D 中的每一个小数都不同，因此，S 不属于 D。然而，因为 S 是由有限个文字被定义出的，它又应该属于 D。据此可以推知：S 属于 D 当且仅当 S 不属于 D。

贝里悖论：由图书馆管理员 G.G. 贝里提供、罗素描述的悖论。在英语中有些整数的名称至少由 19 个音节构成，而在这些整数中必定有一个最小。考虑如下表达"不可用少于 19 个音节命名的最小整数"（the least integer not nameable in fewer than nineteen syllables），经过分析可知该摹状词指示整数 111777，但该整数本身却是由 18 个音节组成的名称。"不可用少于 19 个音节命名的最小整数可以用 18 个音节来命名。这是一个矛盾。"① 贝里悖论以通俗的方式揭示了语义概念的日常用法所蕴涵的矛盾。

二　说谎者悖论的表现形式

在形态各异的悖论群体中，说谎者悖论历来占据独特的地位，被看做悖论的"老祖父"。说谎者悖论虽已历经漫长岁月，得到过众多学者的重视和研究，但它带给人们的困惑和启示至今依然是有增无减。塔尔斯基曾反复强调说谎者悖论的重要性："低估这个悖论和其他悖论的重要性，将它们视为诡辩或笑料，从科学进步的角度看来，是非常错误的。"② 当今学者们也普遍认为，正如任一集合论悖论的研究者必须考虑罗素悖论的解决，任一语义悖论的研究者必须考虑说谎者悖论的解决。据此，本书对语义悖论的考察主要限定在说谎者悖论这个典型代表上。

说谎者悖论的表现方式不是单一的，其根源在于说谎句之语言表达形式的多样性。以下通过说谎句的不同变体来考察说谎者悖论的表现方式。

1. 由说谎句的简单句变体形成的说谎者悖论

由说谎句的简单句变体形成的说谎者悖论主要有以下几种形式：

（1）［写在本括号内的句子是假的］。

假设该语句为真，据其语义可析出该语句为假；假设该语句为假，由于这个句子说的正是其自身为假，所以该语句又为真。因此，该语句真当且仅当该语句假。

（2）写在 101 教室黑板上的句子是假的。

假设写在 101 教室黑板上的不单是句子（2），则不会产生悖论；

---

① 参见伯特兰·罗素《以类型论为基础的数理逻辑》，载《逻辑与知识》，商务印书馆 1996 年版，第 72 页。

② 转引自张建军《科学的难题——悖论》，浙江科学技术出版社 1990 年版，第 141 页。

但假设写在 101 教室黑板上的恰巧只有句子（2），则可导出如下结论：该语句真当且仅当该语句假。

（3）本语句是假的。

假设本语句为真，通过语义分析可推出本语句为假；假设本语句为假，因为这个句子说的正是自身为假，因此它又为真。

（4）本语句不是真的。

类似的表达还有"本语句不表达一个真命题"。在二值逻辑的视阈中，这两个语句等价于"本语句是假的"（如（3）所示）。但是，在多值逻辑或真值间隙论（真、假、间隙）背景下，这两个语句分别等价于"本语句或假或处于真值间隙状态"、"本语句或假或不表达命题"、"本语句或假或 v（除真假之外的真值）"。由此，"本语句不是真的"和"本语句不表达一个真命题"可以看做针对多值语义学或真值间隙论方案而提出的说谎句变体，即强化的说谎句，其所引发的悖论被称为"强化的说谎者悖论"。容易推论，本语句不是真的（或假或处于真值间隙状态）当且仅当本语句是真的。

2. 由说谎句的复合句变体形成的说谎者悖论

由说谎句的复合句变体形成的说谎者悖论主要有以下几种形式：

（1）A：柏拉图说了唯一的一句话：亚里士多德所言为假；

B：亚里士多德同时也说了唯一一句话：柏拉图所言为真。

假设 A 真，可推知 B 假，即"柏拉图所言为真"假，由此可推出 A 假；假设 A 假，可推知 B 真，即"柏拉图所言为真"真，由此可推出 A 真。总之，A 真当且仅当 A 假。

（2）5＋2＝7 并且本合取命题假。

假设该命题真，可推知该命题假；假设该命题假，可推知该命题真。总之，该命题真当且仅当该命题假。

有学者称这种类型的悖论为"砝码悖论"。[①] 显然，我们能够不断增加为真的联言支（如 5＋2＝7 并且雪是白的并且人是动物并且这个

---

① 陈波：《逻辑哲学导论》，中国人民大学出版社 2000 年版，第 232 页。

合取命题是假的）而不改变其悖论性。原因在于，当其余联言支都为真时，联言命题的真值实际上取决于支命题"这个合取命题是假的"的真值。显然，"$5+2=6$ 或者本析取命题假"是与该命题类似的析取型说谎者命题。

（3）明信片悖论。

在一张明信片的正面写着："本明信片背面的那句话是真的"；在这张明信片的背面写着："本明信片正面的那句话是假的。"上述内容可以简化为：

A：B 是真的；

B：A 是假的。

可以推知：A 真当且仅当 A 假；B 真当且仅当 B 假。

（4）较长的循环。

P_1：P_2 是真的；

P_2：P_3 是真的；

……

P_{k-1}：P_k 是真的；

P_k：P_1 不是真的。

假设 P_1 真，可推知"P_1 不是真的"真，因此，P_1 不是真的；假设 P_1 假，可推知"P_1 不是真的"假，因此，P_1 真；总之，P_1 真当且仅当 P_1 不是真的。

（5）更复杂的循环①。

T_1：T_2 是假的

T_2：T_1 是真的并且 T_3 是真的；

T_3：T_4 是假的；

T_4：T_3 是真的并且 T_5 是真的；

……

T_{2k-1}：T_{2k} 是假的；

---

① 参见 Keith Simmons, *Universality and the Liar：An Essay on Truth and the Diagonal Argument*, Cambridge University Press, 1993, p. 5.

T_{2k}：T_{2k-1}是真的并且 T_{2k+1}是真的。

……

假设 T_{2k-1}真，可推出 T_{2k-1}假；假设 T_{2k-1}假，可推出 T_{2k-1}真。这样，T_{2k-1}真当且仅当 T_{2k-1}假。

（6）本语句或假或处于真值间隙状态。

针对真值间隙论方案而提出的强化说谎句，在间隙论背景下它等价于"本语句不是真的"（如简单变体中的（4）所示）。假设该语句真，则它或假或处于真值间隙状态；假设该语句假或处于真值间隙状态，又都可推出该语句真。总之，该语句真当且仅当该语句不真。

（7）本语句或假或无意义。

针对把语句真值看做"真"、"假"、"无意义"的观点而构造的强化说谎句，实质同（6）。假设该语句真，则它或假或无意义；假设该语句假或无意义，又都可推出该语句真。因此，该语句真当且仅当该语句不真。

（8）A：如果 $2+2=4$，那么，A假。

假设 A 真，因其前件真，故后件（A假）不能为假，因此，A真；假设 A 假，因其前件为真，故后件（A假）必为假，因此 A 真。总之，A 真当且仅当 A 假。

如上命题可进一步被扩充，例如 B：如果 $2+2=4$ 且雪是白的且所有的人都是动物，那么 B假。显然，只要前件的扩充中不断增加的是真命题就可以构成悖论。

以上我们阐释了说谎句的简单句变体、复合句变体及在此基础上产生的说谎者悖论。在说谎者悖论的众多表现方式中，强化的说谎者悖论自被提出后备受学界关注。在强化的说谎者悖论的"攻击"下，以真值间隙论方案为代表的非二值逻辑解悖方案和许多语境迟钝型解悖方案纷纷"落马"，以至盖夫曼给出了"语义学黑洞"的比喻，指出强化的说谎者悖论似乎能够把许多解悖方案"吸入空无"。鉴于强化的说谎者悖论一直以来都被看做一种解悖方案是否成功的试金石，本书对情境语义学解悖方案的考察将突出其对强化的说谎者悖论的消解。

三　近年西方语义悖论研究之三足鼎立局面的形成

近年西方有关悖论研究的历史舞台上，活跃着三支生力军。依据研究视角的不同，分别被称为"语境敏感型解悖方案"、"语境迟钝型解悖方案"和"次协调逻辑解悖方案"（又称"亚相容逻辑解悖方案"、"弗协调逻辑解悖方案"）。20世纪后二十年来，上述三种类型解悖方案的蓬勃发展，使得西方语义悖论的研究呈现出三足鼎立的辉煌局面。

1. 形成原因

（1）罗素的类型论方案及其不足

罗素是悖论学说现代研究的开拓者和奠基者。自1901年发现集合论悖论后，罗素潜心于悖论研究，不仅从哲学上而且从技术上对悖论问题进行了深刻的阐释和说明。

罗素认为，一切悖论，无论是集合论悖论还是语义悖论，都根源于对不合法整体的自称："无论我们假定命题的总体性是什么，与命题的总体性相关的陈述都会产生新的命题，在矛盾的痛苦中，这些新命题必须在总体性之外说谎。扩大总体性无用，因为那同样扩大了与总体性相关的陈述的范围。因此必然没有关于命题的总体，并且，'所有的命题'这样的说法是无意义的。"① 由此，罗素提出了著名的"恶性循环原则"："凡涉及一个聚合的总体的事物，必不是这个聚合的分子"；或者反过来说，"设想某个聚合可以构成一个总体，其中存在着只能通过该总体被定义的成员，则所设想的这个聚合就不能构成总体。"（"我的意思是关于其分子的整体的那个陈述是无意义的"）②

---

① 参见 Keith Simmons, *University and the Liar：An Essay on Truth and the Diagonal Argument*, Cambridge University Press, 1993, p. 10。

② Susan Hacck, *Philosophy of Logics*, Cambridge University Press, 1978, p. 141.

在"恶性循环原则"的指导下，1908 年罗素提出了能够同时避免集合论悖论和语义悖论的分支类型论方案。分支类型论规定了命题和命题函项的序阶：个体（包括个体变项 x 和个体常项 a）位居最低层次，属于类型 0；比个体高一个层次的是一阶函项，它以个体作为变元，属于类型 1；比一阶函项又高一个层次的是二阶函项，属于类型 2，它既可以是个体也可以以一阶函项为变元但变元中必须包含一个一阶函项；这样依次类推，以至无穷。这种分层方式限定了每一命题或命题函项的层次使之不再能够谈论和指称自我。"真"、"假"性质也可根据包含它们的命题的序阶被分层，0 阶命题的真假只能在 1 阶命题中被谈论，1 阶命题的真假只能在 2 阶命题中被谈论，从而 n 阶命题只能是 n+1 阶真或假。这样，"当一个人说'我正说谎'时，我们必须将他的话解释为：'有一个我肯定的 n 阶的命题，且这个命题是假的。'这是一个 n+1 阶的命题。因而，这个人不是在肯定 n 阶的任何命题，因而他的陈述是假的，然而，这一陈述的假并不蕴涵'我正说谎'这个陈述的假似乎蕴涵的意思：他正作出一个真陈述。这就解决了说谎者悖论"。[①]

然而，分支类型论方案在理论的合理性方面遭到了质疑，一个突出的问题是"恶性循环原则"限制过宽。"恶性循环原则"对自我指称的禁止使得某些重要的数学定理不能证明，同时也与自然语言的使用不符。显然，日常语言中存在大量的自指现象，如"本语句是用中文写的"就是明显的自指句，但它们并非如罗素所说的没有意义。正如巴·希勒尔所言，那种把类型分层强加于自然语言的设想看来会误入歧途，并且会把语言搞得枯燥无味。[②] 所以，学者们大多认为，分支类型论方案虽然对数学、逻辑学和语义学的发展都具有重要意义，但它过于"激烈"，"因一时气愤而伤害了自己"，"又好比用大炮打苍蝇，苍蝇虽然死了，但毁灭的东西也太多！"

---

① 伯特兰·罗素：《以类型论为基础的数理逻辑》，载《逻辑与知识》，商务印书馆 1996 年版，第 95 页。

② *The Encyclopedia of Philosophy*，Macmillan Inc，1967，vol. 8，p. 172.

（2）塔尔斯基的语言层次理论及其不足

塔尔斯基对语义悖论的关注源于对"真"概念的研究。塔尔斯基试图为语义学的核心概念"真"建立一个实质上适当、形式上正确的定义，然而他却发现，在承认经典逻辑规律和 T 公式（X 是真的当且仅当 P）的情况下，似乎无法一致地使用"真"概念，说谎者悖论的出现就表明了这一点。在塔尔斯基看来，要消除说谎者悖论，就必须把语义封闭的语言改造为语义开放的语言，改造的办法就是对语言分层。"既然我们已经同意不使用语义学上封闭的语言，我们就不得不使用两种不同的语言来讨论真理定义问题以及更加广泛地讨论语义学领域内的任何问题。第一种语言是'被谈论'的语言，是整个讨论的题材；我们所寻求的真理定义是要应用到这种语言的语句上去的。第二种语言是用来'谈论'第一种语言的语言，我们尤其希望利用它来为第一种语言构造真理定义"。① 塔尔斯基由此建立了语言的层系：不包含语义概念的对象语言 O；包含关于 O 的语义学概念的元语言 M；包含关于 M 的语义概念的元元语言 M′等等，如此类推以至无穷。在语言层系中，对象语言和元语言的划分是相对的，每一层次的语言对高一层次的语言来说都是对象语言，而相对低一层次的语言则是元语言；对任一给定层面语句的真或假的陈述，必须在高一级层面来完成；这样，像说谎句"我正在说的这句话是假话"中的"我正在说的这句话"属于对象语言，其真假只能在元语言中谓述。最终，"说谎者语句只能以无害形式'这个语句在 O 上是假的'出现，由于它本身又是 M 的一个语句，因此，不能在 O 上真。这样简单地以其假代替了其悖论性"。② 对其他语义悖论也可做类似处理。

虽然塔尔斯基的语言层次理论能够在形式语言中消除悖论，但对于自然语言中的语义悖论却无能为力。很明显，将形式语言的分层方法移植到自然语言中的做法不合理。"如果说把集合进行分级的

---

① 塔尔斯基：《语义性真理概念和语义学的基础》，载 A. P. 马蒂尼奇编《语言哲学》，牟博、杨音莱、韩林合等译，商务印书馆 1998 年版，第 93 页。

② Susan Hacck, *Philosophy of Logics*, Cambridge University Press, 1978, p. 144.

理论还是貌似有理的，那么把语言（指自然语言——引者注）进行分级就是十分荒唐的。"① "日常生活中的语言，被以这种方式'合理化'之后，不确定是否仍能保留它的自然性，以及它是否将相反呈现出形式化语言的典型特征。"② 同时，将形式语言的分层方法移植到自然语言中的做法也行不通。正如克里普克所表明的，像迪安说"尼克松关于水门事件的话都是假的"，尼克松说"迪安关于水门事件的话都是真的"这种悖论性语句的真值根本无法指派到确定的层面。

人类的认识总是随着实践的脚步不断向前的，科学的发展也总是随着时代的号角而日新月异。罗素的分支类型论方案、塔尔斯基的语言层次理论所具有的这样或那样的缺陷，注定了人们要在语义悖论的研究征途中继续跋涉。或改良原有方案，或结合语用考察，或干脆接受矛盾、视悖论为"合法"，这些不同的研究思路的提出及其发展，使得20世纪后期语义悖论的研究最终呈现出三足鼎立的辉煌局面。

2. 三足鼎立局面的形成

（1）语境迟钝型解悖方案方向的发展

语境迟钝型解悖方案是在不考虑语境变动的情况下对语义悖论问题的解决。克里普克、赫兹伯格（H. Herzberger）、古普塔（A. Gupta）以及贝尔纳普（N. Belnap）等是语境迟钝型解悖方案的主要代表人。

西蒙斯曾经指出，20世纪语义悖论的研究可以分为两种不同的类型：一种是"层系"观，与罗素和塔尔斯基相关；另一种则拒斥经典逻辑，克里普克选择的正是后一条道路。他提出了真值间隙论解悖方案，认为悖论性语句不是具有非经典的真值而是没有真值，它们既不

---

① 道·霍夫斯塔特：《GEB——一条永恒的金带》，乐秀成编译，四川人民出版社1984年版，第11页。

② 转引自 Keith Simmons, *University and the Liar*: *an Essay on Truth and the diagonal argument*, Cambridge University Press, 1993, p.99。

真又不假，处于真值间隙状态。

克里普克首先借助于"根基性"概念对"真"进行了严格的形式化描述。克里普克认为，如果一个命题是有根基的，则它可以通过如下两种方法获得真值：一种是向下的方法，针对包含真值谓词的语句。如果一些语句自身包含真值谓词，那么对于其真值的说明必须借助于不包含真值谓词的语句来进行。例如（1）："'雪是白的'是真的"是真的。由于这一语句自身包含两个真值谓词，要说明其真值必须借助于"雪是白的"这一不包含真值谓词的语句来进行。换句话说，要断定（1），必须首先断定（2）："雪是白的"是真的；而要断定（2），又必须首先断定（3）："雪是白的"。如果经过这样的程序，最终能将一个语句归结为自身不包含真值谓词而又能为认知主体所断定的（通常依赖于经验事实）语句的真值，那么这个语句就是有根基的，否则就是无根基的。

另一种是向上的方法，与向下的方法相逆，针对的是不包含真值谓词的语句。例如，"雪是白的"。从这种不包含语义概念的事实出发，我们可依次断定"雪是白的"是真的、"'雪是白的'是真的"是真的等包含非语义事实和语义概念的句子的真值。克里普克把这种由语句 S 到 T（S）的过渡，称为"语义的跃迁"。不难看出，语义跃迁的结果是到达了一个包括语句和语句的真值谓词的语言，克里普克称之为"固定点"。如果一个语句在"最小固定点"（真或假语句的集合与前一层面真或假语句的集合相等的第一个点①）具有确定的真值，那么它就是有根基的，否则就是无根基的。虽然并非所有包含真值谓词的语句都可以用这种方式加以判明，但可以把有根基的语句刻画为能够在这个过程中获得真值的语句。

与有根基语句相对，无根基语句无论用向上或向下的方法都无法获得真值。在克里普克看来，并非所有的无根基语句都是悖论性语句，如"本语句是真的"无根基但并不构成悖论；反过来，所有的悖

---

① S. 哈克：《悖论研究述评》，张建军译，载张建军、黄展骥《矛盾与悖论研究》，（香港）黄河文化出版社 1992 年版，第 197 页。

论性语句却都是无根基的，它们既不真又不假，处于真值间隙状态，如"本语句是假的"就是这样的悖论性语句，它无根基，也没有确定的真值。如果任意地赋予它以真值或假值，就会产生矛盾，为经典逻辑所不容。

克里普克从形式上（对固定点的形式刻画）和哲学上（对"根基"理论的描述）对真值间隙方案所进行的深刻说明，使得其方案在很大程度上超出了以往的间隙理论，成为一种"真正的理论"而不只是个关于悖论研究的"建议"。克里普克的真值间隙论方案既从动态的角度（赋值过程的描述）又从静态的角度（固定点的刻画）对"真"概念进行了研究，这在一定程度上弥补了塔尔斯基语言层次理论仅从静态角度来刻画"真"概念的不足，同时也启发人们从动静结合的角度来寻找解决悖论的出路。但是，克里普克方案面临着一个严重的困难——不能消解强化的说谎者悖论：当强化的说谎句"本语句不是真的或处于真值间隙状态"出现时，真值间隙论方案立刻变得束手无策。对此，伯奇评价说，"各种真值间隙论，无论有什么其他功用，它们本身都不能减弱悖论的力量"。"不能消解强化的说谎者并不是一种枝节性的困难，也不只是对一种解决方案的反驳，这是在基本现象解说上的一种失败。不管什么压制类说谎者推理的方案，如果被一套装饰或术语压下去的问题又用另一套装饰或术语重新冒出来，则显然说明它不足以把握语义悖论包含多端的现象"。①

在克里普克之后，1982 年赫兹伯格在《素朴语义学与说谎者悖论》一文中提出了素朴语义学解悖方案，从而使其成为语境迟钝型解悖方案的又一重要代表。赫兹伯格赞同克里普克从自然语言的本真状态入手来考察语义悖论的主张，但真值间隙论方案对于强化的说谎者悖论无能为力的现状又使赫兹伯格认识到，无论是塔尔斯基的"层系"还是克里普克的"真值间隙"都具有强烈的特设性或人为性，而

---

① 《T. 伯奇论强化的说谎者悖论和真值间隙论》，张建军译，载张建军、黄展骥《矛盾与悖论研究》，河北教育出版社 1998 年版，第 252、256 页。

这可能正是它们不能合理解决悖论的根本原因。从以往的解悖方案看，每当一个旧的语义悖论被粉碎了，就立即有某个新的悖论接踵而至，因此，采用压制或排除的方法不能从根本上解决悖论问题。看来，"我们应该积极鼓励悖论产生，看它们是如何自发地产生出来的"，也就是"让悖论自己透露它们的内在原理"。① 在这种思想的指导下，赫兹伯格认真考察了悖论性命题的真值变化，发现悖论性命题的真值变化并非杂乱无章而相反表现出一定的周期性，即由真→假→真→假……或由假→真→假→真……如此循环往复，以至无穷。赫兹伯格认为，悖论性命题真值的这种周期性变化所体现的规律性表明它们也具有一定的"语义稳定性"。"语义悖论的产生在于截取悖论性语句的周期性展开的某些赋值阶段，不进行这种截取就可以避免悖论。"②

几乎与赫兹伯格同时，美国学者古普塔也提出了"真的修正理论"（the revision theory of truth）。1993 年，古普塔和贝尔纳普合作出版了《真的修正理论》一书，进一步推动了语境迟钝型解悖方案方向的研究。

应当指出，从解悖方案的实质看，罗素的分支类型论方案、塔尔斯基的语言层次理论都没有涉及语境概念，因此也属于语境迟钝型解悖方案方向的研究，只不过出现的时间较早而已。因此，如果把罗素的分支类型论方案、塔尔斯基的语言层次理论称作"传统解悖方案"的话，那么，语境迟钝型解悖方案则是在改良传统解悖方案的基础上产生的。

（2）语境敏感型解悖方案方向的创立及发展

结合"语境"因素来考察语义概念以消解语义悖论的方案被称为"语境敏感型解悖方案"。伯奇、巴威斯和艾切曼迪、盖夫曼、西蒙斯等是语境敏感型解悖方案的主要代表人物。

---

① H. Herzberger, "Naive Semantics and the Liar paradox", *The Journal of Philosophy*, 1982, vlo. 79, p. 481.

② 参见彭漪涟、马钦荣主编《逻辑学大辞典》，上海辞书出版社 2004 年版，第 18 页。

　　语境敏感型解悖方案的开创者是美国著名哲学家伯奇。1979 年伯奇发表了《论语义悖论》一文，提出索引化真值谓词解悖方案，拉开了语境敏感型解悖方案方向研究的序幕。伯奇在这篇文章的后记中指出，他希望语义悖论的研究能达到两个目标：其一，在一种语义和语用理论中能够了解语言或思想实际所具有的特征（对它的忽略将导致悖论）；其二，希望在导致悖论的推理过程中，能够产生关于"真"的明确断定。在这两个思想的导引下，伯奇对已有解悖方案进行了考察，结果却发现著名的塔尔斯基语言层次理论以及克里普克的真值间隙论方案都存在偌多不足。针对真值间隙方案不能消解强化的说谎者悖论的事实，伯奇指出，"语义悖论之间的相似性是很明显的。强化的说谎者看来并没有与普通说谎者根本不同的来源。上述方案的误区，在于没有提供语义病态现象的一般性认识，而只是一些权宜之计和技术药方的拼凑。一种有关语义悖论的理论，应着重研究语义概念。"①

　　伯奇从"真"概念相关的直觉出发，指出"真"并不是一个固定不变的范畴，相反，其外延要随着语境的不同而发生变化。例如，在说谎句（I）由"a：（I）不是真的"到"b：（I）不是真的（因（I）有语病）"再到"c：（I）最终是真的（反思的结果）"的直觉推理过程中，（I）在 a 和 b 中被说出时语境相同，因此可通过给真值谓词加下标的方法表示为"（I）不是真$_i$"；在 c 中（I）的语境显然已发生变化，因此需要记做"（I）是真$_k$"。伯奇建议把"真"看做索引谓词，在外延不固定的意义上它是索引的，根据语境的变化而变化。在对索引词进行结构和实质两方面的分析过程中，伯奇第一次以严格形式化的方式定义了"有根基"、"有语病"及"可满足"概念间的关系，使三者的联系清楚地展现出来。

　　继伯奇之后，美国著名数理逻辑学家、计算机科学家巴威斯和逻辑学家艾切曼迪在 1987 年把巴威斯本人和佩里所创立的情境语义学

---

　　① 《T. 伯奇论强化的说谎者悖论和真值间隙论》，张建军译，载张建军、黄展骥《矛盾与悖论新论》，河北教育出版社 1998 年版，第 255～256 页。

的有关思想引入语义悖论的研究中，提出了情境语义学解悖方案；
1988 年盖夫曼提出了运算指语义学（operational pointer semantics）解
悖方案；1992 年孔斯出版了《信念悖论和策略理性》，把语境敏感型
解悖方案方向的研究贯彻到与理性信念相关的类说谎者悖论的解决
上；1993 年西蒙斯出版了博士论文《普遍性和说谎者悖论：论真和
对角线论证》，提出了既非真层系观，又不放弃经典语义学的"特异
点解悖方案"（the singularity solution to the liar）。上述研究成果表明，
语境敏感型解悖方案方向的研究已经蓬勃发展起来。

（3）次协调逻辑解悖方案方向的产生及发展

在悖论问题的研究中，以澳大利亚学者普利斯特（G. Priest）为
代表的次协调逻辑学派所提出的次协调逻辑解悖方案（建立在次协调
逻辑基础上的解悖方案），代表了近年西方语义悖论发展的另一大
趋势。

众所周知，在经典逻辑的视野中矛盾即假，这样，如果一个系统
中出现矛盾，那么该系统将是不协调的。面对形式系统中的矛盾、悖
论问题，大多数学者选择了逻辑保守主义的做法，试图在遵守经典逻
辑规律的前提下消解或排除悖论。但是，以普利斯特为代表的次协调
逻辑学派却选择了不同的解悖道路。普利斯特指出，如果用非特设性
标准来衡量，"几乎所有已知的对悖论的'解决'都未能成功，从而
使我可以断言，还没有发现任何解决办法。"① 因此，要解决悖论问题
必须彻底改变思考问题的方式，"通常的见解是矛盾即假，即不可接
受，即破坏推理……这种假设必须推翻。"② "相信一些矛盾并无任何
错误。"③

次协调逻辑学派区分了两种矛盾：一种是无意义的矛盾，这种类
型的矛盾在形式系统中会扩散从而使系统中的任何公式都变成定理，

---

① 转引自赵总宽主编《逻辑学百年》，北京出版社 1999 年版，第 353 页。

② 杨熙龄：《奇异的循环——逻辑悖论探析》，辽宁人民出版社 1986 年版，
第 219～220 页。

③ Graham Priest, "What is so bad about contradictions", *The Journal of Philosophy*, 1998, vol. 95, p. 410.

因此必须排除；另一种是有意义的矛盾，这种类型的矛盾在次协调形式系统中可以合法地存在且不会扩散。次协调逻辑学派认为不能把悖论中所包含的矛盾当做普通逻辑矛盾来处理，相反，其中的矛盾是有意义的、是真矛盾，由此他们选择了"接受悖论，学会与悖论好好相处"的研究思路。1979 年在《悖论逻辑》一文中，普利斯特明确提出把悖论性语句看做"真矛盾语句"的理论。他把语句分为单真的、单假的和既真又假的（即悖论性语句，也叫真矛盾语句），认为悖论性语句可以被看做与单真语句并列的一种真语句。在他看来，相信悖论性语句既真又假是合理的。1983 年普利斯特在《哲学季刊》上发表了《逻辑矛盾和排中律》（The Logical Paradoxes and the Law of Excluded Middle）；1984 年在《哲学逻辑杂志》上发表了《被修正的悖论逻辑》（Logic of Paradox Revisited）；1989 年他和娄特雷（R. Routley）、诺曼（J. Norman）编辑出版了《次协调逻辑：论不一致》（Paraconsistent Logic：Essays on the Inconsistent）；1998 年普利斯特在《哲学杂志》上发表了《矛盾坏在哪里》（What is so bad about contradictions），进一步丰富了"真矛盾"理论；2000 年他又在《哲学季刊》发表了《真和矛盾》（Truth and Contradiction）；2004 年普利斯特和比奥（J. C. Beall）、阿莫—伽博（B. Armour-Garb）汇集了二十多篇论文，编辑出版了《不矛盾律：新哲学论文》（The Law of Non-Contradiction：New Philosophical Essays）一书，再次讨论了矛盾问题。这些研究成果进一步奠定了次协调逻辑解悖方案在西方近二三十年悖论研究中的地位。

　　语境迟钝型解悖方案、语境敏感型解悖方案、次协调逻辑解悖方案在语义悖论问题认识上的不同、在解悖方案选择上的差异及其在各自研究方向上的发展，使得西方近年悖论研究中呈现出三足鼎立的辉煌局面。在三大类型的解悖方案中，巴威斯和艾切曼迪于1987 年提出的情境语义学解悖方案具有特别重要的意义，它不仅是最具活力和生机的语境敏感型解悖方案方向的重要代表，而且被看做悖论研究的重要典范。有学者认为，直到巴威斯和艾切曼迪"将情境理论的形式技巧运用到说谎者悖论上后，这个问题才算是正式被解决"。① 也正因为如此，我们选取情境语义学解悖方案作为本书的研究重点。为充分说明情境语义学解悖方案，我们首先来看情境语义学。

---

① 德福林：《笛卡儿，拜拜》，李国伟、饶伟立译，（台北）天下远见出版社 2000 年版，第 330 页。

第二章　情境语义学概论

　　情境语义学是 20 世纪 80 年代诞生的一种语义理论，创始人是美国著名逻辑学家巴威斯和语言哲学家佩里。1981 年巴威斯在他的《情景和其他情境》（*scenes and other situations*）一文中首次使用了"情境语义学"一词，1983 年巴威斯和佩里合作出版了《情境与态度》一书，标志着情境语义学的正式诞生。①

　　情境语义学从信息处理的角度来研究自然语言的意义，认为自然语言的主要功能是传递信息，而信息的传递与接受不可避免地要受到环境因素的影响："在正常情况下，语言会启动或利用适当的脉络。因此，任何尝试理解语言如何运作的研究，都必须重视脉络的影响。"② 情境语义学正是借助于"情境"概念，对自然语言的语义问题进行了深刻的考察，不仅提高了意义研究的水平，而且解决了有关语

---

　　① 有关情境语义学的诞生似乎存在不一致的看法。笔者以为，尽管在 1981 年巴威斯就提出了"情境语义学"这一概念，但直到 1983 年他和佩里合作的《情境与态度》才全面系统地论述了有关情境语义学的思想，故而应该把《情境与态度》看做情境语义学正式诞生的标志。巴威斯 1989 年在《逻辑中的情境》引言中的论述可以佐证这一点，他写道："正如我们所理解的那样，今天的情境语义学，产生于我和约翰的合作成果。"巴威斯关注部分结构和部分信息，约翰关注语言和思维效应（efficiency）以及不同语境中句子和心智状态传递不同信息的能力。"把这两种关注与我们所认可的实在论传统统一起来，正如我们在书中展现的那样，就产生了情境语义学。"（见 Jon Barwise, *The Situation in Logic*, Leland Stanford：CSLI Publications, 1989, p. xii, p. xiii.）

　　② 德福林：《笛卡儿，拜拜》，李国伟，饶伟立译，（台北）天下远见出版社 2000 年版，第 349 页。

言以及推理的许多古老问题，在学术界产生了广泛影响。1985 年国际著名杂志《语言学与哲学》专门用一期刊载了一些语言学家、计算机科学家、哲学家等对情境语义学的讨论，褒贬皆有。在这期杂志中，巴威斯和佩里也以访谈录形式发表了《变换情境，改变态度》（*Shifting Situations and Shaken Attitudes*）一文，对学者们谈论的一些问题做了回应。一种新生事物的诞生总要引起争议，事物本身的发展以及人们对它的认识势必需要一个过程。1987 年巴威斯和埃切曼迪出版了《说谎者：关于真和循环》（*The Liar：An Essay on Truth and Circularity*），以情境为工具创造性地解决了说谎者悖论；1989 年巴威斯综合自身撰写的十几篇研究成果出版了《逻辑中的情境》（*The Situation in Logic*）一书；1991 年美国学者德福林出版了《逻辑与信息》（*Logic and Information*），从信息理论的角度发展了情境语义学；1992 年美国学者孔斯出版了《信念悖论与策略理性》（*Paradoxes of Belief and Strategic Rationality*）一书，以情境语义学为工具来消解合理行为悖论；1997 年巴威斯和塞利格曼（J. Seligman）合作出版了《信息流动：分布系统的逻辑》（*Information Flow：the Logic of Distributed System*），刻画了信息流动的形式模型。情境语义学在随后十几年的蓬勃发展，体现了强大的生命力。从最初侧重于自然语言语义现象的哲学阐释，到对基础理论（情境理论）的系统化研究，再到面向计算机、人工智能科学的实际应用的研究，情境语义学广泛地受到人工智能学者、计算机科学家、语言学家、哲学家以及逻辑学家的关注，成为一个跨学科的话题，美国、欧洲的一些大学还专门开设了情境语义学课程。

有关情境语义学的资料繁多，内容庞杂，这里仅谈及一些最基本的内容，目的是阐释情境语义学与语义悖论之间的关联，揭示情境语义学对于说谎者悖论的消解和哲学说明的重要意义。

第一节 概 述

一 情境语义学产生的根源

从宏观的角度看，情境语义学的产生不仅受到语言学由语法、语义到语用研究趋势的影响，也与语言哲学对意义的理解由静态到动态即从语用的维度把意义放置到语句的使用环境中来研究这种变更密切相关。但情境语义学产生的最根本原因与逻辑语义学相关。可以说，正是以往的逻辑语义学理论在研究和处理自然语言意义方面的不足，才使巴威斯等决定要构想一种新的语义理论来解决长期困扰人们的一些重大理论问题。在《情境与态度》一书的再版序言中，巴威斯就明确地谈到，自己构想情境语义学的最初目的，就是要把它"作为外延模型论语义学和可能世界语义学的替代物"。[①]

1. 对外延模型论语义学的批判

外延模型论语义学的一个重要特征是从语句的外延，即语句的所指是真值的角度来研究自然语言的语义。从真值角度来研究自然语言的语义，是逻辑语义学一个历史悠久的传统。20 世纪 70 年代首开自然语言语义研究的蒙太古理论的一个主要特点，也表现为它是一种真值条件语义学：在蒙太古语法中，"句子的意义常常被归结为它的真值条件。"[②] 真值条件语义学对于语言的研究具有许多便利，它使得人们能够抛开与语言相关的心理、社会等因素而仅从真值角度来刻画句子的意义。但另一方面，完全忽略句子的内在含义，简单地把句子的外延所指看做其真值，这种研究方式亦带来了许多难以克服的困难：

---

① Jon Barwise & John Perry, *Situations and Attitudes*, CSLI Publications, 1999, p. xxiv.

② 邹崇理：《逻辑、语言与蒙太格语法》，社会科学文献出版社 1995 年版，第 43 页。

（1）导致内容不同的句子在逻辑上完全等值，知道、相信或怀疑 φ，就必然知道、相信或怀疑与 φ 等值的任意一个句子；（2）无法反映自然语言的丰富多样性。很明显，如果仅从真值的角度来考虑，所有的句子无论内容多么不同，最终只能被划归为两类：真或假。事实上，自然语言中的句子有时根本无法准确地贴上真或假的标签，它们可能在一种情境中真，在另一种情境下假。同时，在很多情况下自然语言语句的意义已远远超出了真或假的视阈。

真值条件语义研究方法在刻画意义方面的诸多不足，使得巴威斯等逐渐认识到，研究句子的"真"不如研究使句子为真的情境，因为"情境"在决定句子的意义乃至真值的过程中起着至关重要的作用，情境的变化自然而然地会带来意义的变化，从而可能导致真值的变化。1981 年巴威斯明确提出要转变自然语言语义研究的重点，他试图"从以弗雷格、塔尔斯基、戴维森和蒙太古的传统来研究自然语言的模型论（其最基本的目标是阐明句子的真值条件）转变到与奥斯汀、（后期）罗素的观念相一致的模型论，其中，句子描述了世界中的情境类型；'真'是一个重要的但只是'衍推性'的概念"。① 可以说，正是这一观念的转变为情境语义学的产生奠定了基础，使得参照"情境"来解释"意义"的动态变化成为可能。

运用模型论方法来考察语义问题是外延模型论语义学的又一重要特征。模型论方法是逻辑语义研究中的一种重要方法：一阶谓词演算通过建立模型给演算中的表达式提供了解释；克里普克在可能世界语义学中使用了结构为 ⟨W, R, V⟩ 的模型；蒙太古语法同样使用模型对自然语言进行语义解释。情境语义学对模型论的批判并不针对这种方法本身，它所要批判的是，"现代逻辑的奠基者——弗雷格、罗素、怀特海、哥德尔以及塔尔斯基——对数学语言的过分关注"。这种关注致使对"数学语言的许多假定和态度成为模型论的中心，并继而在一般意义上成为语言的本质性假定。这些假定使得把标准模型论

---

① Jon Barwise, "Scenes and Other Situations", *The Journal of Philosophy*, 1981, vol. 59, p. 372.

的观念应用到自然语言的语义学中愈来愈困难"。① 因此，巴威斯等指出，不管模型论的历史有多么辉煌，但仍然令人担忧。

巴威斯等认为，自然语言的语义研究应该包括六个方面，分别是：语言的外在意义（the external significance of language）、语言的丰富性（the productivity of language）、语言的效应（the efficiency of language）、语言视角的相对性（the perspectival relativity）、语言的歧义性（the ambiguity in language）以及语言的心理意义（the mental significance of language）。而模型论语义学却过分关注句子之间的衍推关系，这种关注致使学者们忽略语言的效应、忽略"意义"所体现的关系、忽略话语可能传递的信息、忽略与语言相关的心理问题。例如，即使被作为自然语言研究典范的蒙太古语法，也忽略了语言的心理现实问题：蒙太古语法"这种逻辑风格的形式语言学理论，其数学本性使得它很难刻画语言理解的心理特点，因而所谓心理现实问题似乎不可避免"。② 正如德福林所说，"蒙太古的成功只限于意义研究的数学层面。任何熟悉内涵逻辑的学者，都不会认为蒙太古的理论已经充分解释了普通人所理解的意义。他的解释其实只捕捉到意义这个词众多面向中的一小部分而已。"③

2. 对可能世界语义学的批判

"可能世界"这一概念最早由莱布尼兹提出，指由可能事物的组合构成的世界。卡尔纳普是可能世界语义学新时代的第一个重要先驱。20 世纪 50 年代末至 60 年代，当代著名的逻辑学家克里普克、欣梯卡等对"可能世界"进行了严格化和精确化的研究，建立了完整的模态逻辑语义理论——可能世界语义学。可能世界语义学一改经典语

---

① Jon Barwise&John Perry, *Situations and Attitudes* , CSLI Publications, 1999，p. 28.

② 邹崇理：《逻辑、语言与蒙太格语法》，社会科学文献出版社 1995 年版，第 37 页。

③ 德福林：《笛卡儿，拜拜》，李国伟、饶伟立译，（台北）天下远见出版社 2000 年版，第 251 页。

义学墨守外延和内涵对立的研究模式，引入"可能世界"作为考量语句真值的参照点。作为一种内涵语义学，可能世界语义学的诞生弥补了经典语义学的不足，在一定程度上解决了传统的弗雷格—卡尔纳普语义学的许多问题，如同一可替换原则的失效问题。它表明，在现实世界中的外延等值并不能保证内涵晦暗语境中替换的有效性，只有在与认知主体所知道（所相信等）的一切相协调的所有可能世界中两个语词的指称相同时，同一替换才是有效的。

　　然而，从情境语义学的角度看，可能世界语义学也还没有彻底解决经典语义学中存在的问题。例如，对"莫莲妮看见克莱尔跑"这类感知报告而言，直觉上莫莲妮看见的是一个情景，其中"克莱尔正在跑"。而按照可能世界语义学的处理方式，莫莲妮将被迫看见所有在逻辑上与之等值的命题，这显然是不合理的。巴威斯指出，可能世界语义学造成的最根本问题是逻辑的"全知全能"（logical omniscience）。为说明这一点，他给出了一个详细的例证：Brown 被指控谋杀 Fred。在对 Brown 的审判会上，Fred 的妻子 Mary 证词如下："Brown 和我碰巧从不同的门同时走进这间屋子，但 Fred 没有看见 Brown"。为洗清罪名，Brown 聘请了一个著名的模态逻辑专家 K，K 试图通过逻辑规则证明情况和 Mary 的描述不同。

　　用 m，f，b 分别代表 Mary，Fred 和 Brown，用 F（x）表示从 Fred 面对的门进入，B（x）表示从另外一个门进入。据 Mary 的证词有：

　　（1）m 看见 B（b）

　　（2）f 看见 F（m）

　　（3）¬［f 看见 B（b）］

　　巴威斯指出，根据有关感知的逻辑规则 P（证实原则，Principle of Veridicality：如果 A 看见 φ，那么 φ）和假定 Q（如果 φ 和 φ 是逻辑上等价的，则：如果 f 看见 φ，那么 f 看见 φ），K 的论证如下：

　　由（1）和 P，我们有 B（b）；

　　再由 P 和（3），f 既然没有看见 B（b），那么，f 也必然没有看见 ¬B（b），因此，可得到 ¬［f 看见 ¬B（b）］。

又因为 F（m）在逻辑上等价于［F（m）∧B（b）］∨［F（m）∧¬B（b）］，所以有（4）：f 看见 {［F（m）∧B（b）］∨［F（m）∧¬B（b）]}；

再根据规则 R：如果 a 看见（φ∨φ）那么 a 看见 φ 或 a 看见 φ，我们有：f 或者看见［F（m）∧B（b）］，或者看见［F（m）∧¬B（b）］；很明显，后者蕴涵 f 看见¬B（b），前面已证明它为假，因此 f 只能看见［F（m）∧B（b）］；而这蕴涵 f 看见 B（b），与证词（3）：¬［f 看见 B（b）］相矛盾。由此，Mary 的证词不一致，辩护成功。①

巴威斯指出，事实上由 Fred 看见 Mary 进来并不能推出：他或者既看见 Brown 又看见 Mary 进来，或者只看见 Mary 但没看见 Brown 进来。因此，上述论证过程中相关逻辑等价式的替换是不正确的，建立在这一基础上的论证显然也是错误的。情况正如 Mary 所说，（1）（2）（3）应该一致。

总之，从根本上讲，上述问题产生的原因就在于"逻辑的全知全能"："模态逻辑学家不得不痛苦地主张，如果你知道或相信或怀疑 φ，你必须也在某种意义上知道、相信或怀疑任一等价于 φ 的 φ。""在处理感知动词时，这一痛苦变得愈加激烈。事实上，认为如果你看见了 φ，那么你也就看见了 φ，这是完全错误的。"② 显然，Fred 所看到的情境 s_f 根本不包括 Brown，因此不存在使［F（m）∧B（b）］∨［F（m）∧¬B（b）］成立的情境。由此看来，"……可能世界方案对感知语义学（the semantics of perception）的处理根本就是错误的……"③ 从日常语句的使用看，它们常常只牵涉世界的一部分，因此仅需要参考世界的片段（情境）就可以决定其真假，而根本不需要把整个世界作为参照物。巴威斯等正是由此出发，决定运用"情境"来重新研究感知报告语义学（the semantics of perceptual reports）。在这种背景下，一种新的语义理论——情境语义学孕育而生。

---

① Jon Barwise, "Scenes and Other Situations", *The Journal of Philosophy*, 1981, vol. 59, p. 385.

② Ibid., p. 386.

③ Ibid., p. 362.

从历史的角度看，逻辑语义学的发展曾造就出塔尔斯基的外延模型论语义学、卡尔纳普的内涵—外延方法、克里普克的可能世界语义学以及蒙太古语法等多种刻画语义问题的思路和方法。然而，直到 20世纪 70 年代，美国著名语言学家和数理逻辑学家蒙太古才突破了自然语言语义模糊、歧义性强以至无法进行精确描述的观念，首次运用数学模型和内涵逻辑来刻画自然语言，建立了自然语言的形式语义学（后人称为"蒙太古语法"），在西方学界引起了很大反响。但是必须看到，蒙太古对自然语言语义的研究仍然承继了外延模型论语义学和可能世界语义学的研究方法。情境语义学对外延模型论语义学和可能世界语义学的批判，其实也揭示了蒙太古语法所具有的局限性。正如巴威斯等所言，意义公设、内涵和外延、可能世界等都是逻辑学家和哲学家引入的技术层面的概念，而不是自然语言的一部分。① 现存语义理论的一个严重弊端，就是远离自然语言的性质，把语义问题的解决局限于这些概念的研究中。因此，必须采用一个新的研究框架才能合理解决这些问题。情境语义学对既有自然语言语义研究的观念和方法所提出的一系列批判和质疑，给逻辑语义学与语言学的发展指出了新的方向，促使逻辑语义学的研究步入新的阶段。

二　情境语义学的三个基本概念

"情境"、"关联"和"意义"是情境语义学中的三个基本概念。情境是什么，它由哪些要素组成？什么是关联？如何对关联进行分类？关联与意义关系如何？什么是意义？对这些问题的研究构成了情境语义学早期研究的主线。

1. 情境

"情境"是情境语义学领域的核心范畴，是情境理论建构的重要

---

① 参见 Jon Barwise & John Perry, *Situations and Attitudes*，CSLI Publications, 1999，p. xii。

基石之一。在情境语义学看来，情境是被认知主体所选择或认知的现实世界的一部分；情境与个体（individuals）、关系（relations）、时空单位（space-time locations）密切相关，它们同属本体论范畴而非主观构造出来的东西。情境、个体、关系和时空单位并称为情境理论的四大基石。

2. 关联

情境类型之间的"关联"是情境语义学重点考察的核心问题之一。在情境语义学看来，情境类型与情境类型之间的关联是抽象的，所产生的意义是抽象的意义；在此基础上形成的情境与情境间的关联是具体的，所产生的意义是具体的意义，即使用意义或情境意义。情境类型间的关联可以从多个角度进行划分，包括惯常性关联（nomic constraints）、必然性关联（necessary constraints）、约定性关联（conventional constraints），等等。情境语义学对关联问题的深入研究，为意义问题的展开做了良好的铺垫，因为意义根源于情境类型间的关联。

3. 意义

情境语义学持生态现实主义的意义观，认为意义广泛地存在于客观世界中，自然语言的意义只不过是其中的一种类型。情境语义学详细地探讨了名词、动词、代词的意义，并在此基础上考察了语句的意义，认为话语情境类型和语句所描述的情境类型之间的关联反映了语句的抽象意义，话语情境和语句所描述的情境之间的关联反映了语句的使用意义（情境意义）。

总之，"情境"概念是贯穿情境语义学研究的一个核心概念。正是情境类型之间的关联产生了（抽象）意义；正是由于相关情境的变化，使得同一语句可以具有不同的使用意义，产生不同的解释，传递不同的信息。从情境语义学解悖方案的角度看，"情境"、"意义"等概念的考察，对以说谎者悖论为代表的语义悖论问题的解决具有十分重要的意义。可以说，没有"情境"概念的精确刻画，没有自然语言意义的深入研究，就不可能有结合"情境"的奥斯汀型命题的提出及其真值的动态、精致刻画，从而也就不可能有说谎者悖论问题的合理解决。

三　情境语义学使用的元理论

情境语义学把集合论作为元理论来刻画其赖以建构的基本概念——情境。具体地说，它以集合论为工具来刻画不同时空条件下个体所具有的性质以及个体和个体之间的关系。集合论作为一种重要的数学工具，自20世纪以来对数学和逻辑学的现代发展产生过巨大的影响，使用集合论这一工具进行研究具有许多便利之处，它使得人们不仅"能够排除对新概念的任一形式上的不一致的担心，"而且因为"它还提供了由熟悉的概念至新概念的桥梁，所以有助于人们理解新概念"。①

情境语义学早期运用的是古典的集合论模型，这主要是考虑到情境与认知主体的相关性，情境是由认知主体选择的现实世界的有限部分。对任一认知主体而言，其在特定时空条件下所观察到的情境总是有限的，因此，没有理由假定情境可以无限增大以至于情境的聚合自身不能组成一个集合。换句话说，由于认知主体认知能力方面的局限性，相对来讲，情境的聚合总是有限的。由此，用集合方式表达情境或情境的聚合自然不会涉及"所有集之集"的问题，集合论悖论问题在一定程度上似乎并不构成什么威胁。

然而，随着情境语义学研究的进一步深入，巴威斯等人发现，用古典集合论来刻画情境产生了许多困难，问题之一与集合不能涉及自身的规定相关。很明显，在日常语言中自我指称和循环现象司空见惯，不能刻画这种现象的语义理论从根本上说是不成功的。因此，巴威斯等在情境语义学创立四年之后，即1987年改用英国数学家阿泽尔（Peter Aczel）提出的ZFC/AFA集合论理论作为情境语义学研究的

---

① Keith Devlin, Logic and Information, Cambridge University Press, 1991, p. 75.

元理论。除了以反基础公理 AFA（Anti-Foundation Axiom）代替基础公理外，ZFC/AFA 承认 ZFC 中其他所有公理。这使得人们可以继续使用所熟悉的集合论运算，而仅在涉及基础公理时才需要重新考虑问题。由于 ZFC/AFA 可以有效地刻画循环或自我指称现象，情境语义学的研究范围扩大的同时，研究能力也得以增强，这就为说谎者悖论的解决初步奠定了基础。

第二节 情 境

"情境"概念是情境语义学研究的出发点，也是巴威斯等构建其整个理论框架的一块重要基石。对于它的正确理解，不仅有助于准确地把握情境语义学的精神实质，而且有利于深刻地认识了解情境语义学对说谎者悖论的消解。

一 情境的含义

在日常交流中，情境对于语言的理解起着十分重要的作用。对包含索引词（如"你"、"我"、"现在"、"这里"）的句子，这一点显而易见，因为情境直接决定着索引词的指称。对不包含索引词的句子，情境同样起着十分重要的作用。例如，就"王静正在 101 教室读书"这个句子而言，如果脱离开具体情境，我们恐怕只能把握句子的抽象内容而无法准确地识别句子的具体含义（如"王静"指的是哪一个王静？"101 教室"指何处的 101 教室？对于这些我们都无法确定），正确地理解句子所传递的信息。事实上，即便数学、物理等学科中的句子也不可能完全脱离情境，"一加一等于二"在通常情境中表达数学真理，但在某些情境中并不为真。

在情境语义学看来，情境是由主体选择或区分的有结构的现实世界的一部分。简单地说，（由认知主体认知的）某一个体在某一时空条件下具有某种性质或处于某种关系中就构成一个情境。例如，a 对

b说："c正在家里看电视"，这个句子的表达涉及多个情境：a和b在特定时空条件下谈话构成谈话情境，同时，a的话语还描述了"c正在家里看电视"这样一个情境。

要正确地理解"情境"概念，必须把握两个方面的内容。第一，情境是现实世界的组成部分。从本体论的角度看，情境是客观世界中的事实，现实世界就是由各种各样的情境组成的。因此，情境是一个本体论意义上的范畴。事实上，"情境理论"所具有的一个特性就是把"情境"看做本体论的组成部分。需要注意的是，情境虽然是现实世界的组成部分，但"情境"不等于"世界"。无论把这里的"世界"理解为现实世界还是扩大为可能世界都是如此。情境与世界的不同之处在于：世界非常之大，能够决定每一个问题、每一个陈述的真值；而情境只是一个"部分结构"（partial structure），它"对应于我们事实上所感知到的、进行推理的，并且生活于其中的现实世界的有限部分。情境只能决定某些问题的答案，只能决定某些陈述的真值，而不是全部"。①

第二，情境与主体相关，情境是由主体挑选出来的或主体能够区分的客观世界的一部分。用德福林的话说，"主体将一个情境个体化为一个情境——主体选择的现实世界的有结构的部分。"② 在整个世界中，究竟什么能够组成一个情境，什么不能组成一个情境，与认知主体密切相关，例如，同样是观看一场足球比赛，不同的主体会选择不同的情境进行认知。由此我们不难理解，为什么在相同的时间地点，观看了同一场足球比赛的人，所获得的信息却可能存在很大差异。

总之，情境与主体相关，但其本身又是现实世界的组成部分，情境与个体、关系、时空单位等一样都是本体论的存在。"情境"概念实质上反映了主观与客观的统一：离开了客体，情境就无法得以构建；离开了主体，情境就变成了纯客观的存在。因此，只有在主客观

---

① Jon Barwise & John Perry, *Situations and Attitudes*, CSLI Publications, 1999, p. xxv.

② Keith Devlin, *Logic and Information*, Cambridge University Press, 1991, p. 31.

的统一中，才能正确地理解和把握情境。

二　现实情境与抽象情境

现实情境（real situation）是认知主体感知的客观世界中真实存在的情境，通常由个体、关系（性质）、时空单位等要素构成。例如，"小张昨晚八点和小李聊天，九点就睡觉了"所描述的就是这样两个现实情境：

（1）昨晚八点，小张和小李聊天，成立；

（2）昨晚九点，小张睡觉，成立。

抽象情境（abstract situation）不是现实世界的组成部分，而只是用来刻画现实情境的一种形式化构造。抽象情境的组成要素与现实情境相应，但又另外增加了"极性"（polarity）（0 或 1），表示所描述事态是否成立。这样，任一抽象情境都可以通过个体、关系（性质）、时空单位、极性等基本要素得到表征：

● 个体：在现实情境中，个体是客观存在的真实事物，是被主体选择为"对象"的存在。但个体未必是一个整体的存在，认知主体完全有可能把个体的一部分（如约翰的胳膊）当做"个体"来认知。在抽象情境中，个体通常用 a、b、c 等符号来表示。

● 关系（性质）：情境语义学把性质看做关系的特例，把性质界定为一元关系。事物之间的关系也可以是二元、三元甚至多元的。通常用 Rn 表示 n 元关系，用 $\cup$ nRn 表示所有关系的聚合。

● 时空单位：自然语言中语句的表达经常涉及特定的时间、地点条件，时空单位 l 即是对这些条件的刻画。情境语义学用 $l < l'$ 表示 l 在时间上先于 l'，用 lOl' 表示 l 在时间上与 l' 重叠；用 $l@l'$ 表示 l 在空间上与 l' 重叠。

● 极性：0 或 1，表示所描述事态是否成立。

这样，在时空单位 l "小张上课"这样一个抽象情境 s_1 可以表达为：

$$s_1 = \{<\text{在时空单位 } l, \text{ 上课, 小张; } 1>\}$$

按照巴威斯和佩里的早期记法，也可将上述情境记为：

$$s_1 := \text{在时空单位 } l, \text{ 上课, 小张; yes}①$$

在情境语义学后来的发展过程中，上述情境又有如下表达：

$$s_1 = \{\ll\text{上课, 小张, } l, 1\gg\}$$

类似地，"小张没有上课"所描述的抽象情境 s_2 可记为：

$$s_2 = \{\ll\text{上课, 小张, } l, 0\gg\}$$

请注意，从现实情境的角度看，s 使事态或信息条目 σ 为真，即 $s|=\sigma$，当且仅当，σ 在 s 中；从抽象情境的角度看，$s|=\sigma$，当且仅当，$\sigma \in s$。

由于情境的部分性特征，抽象情境可以通过增加某些事态加以扩充。例如，抽象情境 $s_1 = \{\ll\text{上课, 小张, } l, 1\gg\}$ 可以被扩充为 $s_3 = s_1 \cup \{\ll\text{三街小学的学生, 小张, } l, 1\gg\}$。$s_3$ 可以进一步表示为：

$$s_3 = \{\ll\text{三街小学的学生, 小张, } l, 1\gg\} \cup \{\ll\text{上课, 小张, } l, 1\gg\}$$

显然，s_1 是 s_3 的组成部分。实际上，s_1 还可以是许多更大的抽象情境的组成部分。这就产生了一个问题，关于抽象情境的融贯性（co-

---

① 注意 ":=" 表示所描述事态恰好是情境 s 中的所有事实。如果"小张正在上课"只是情境 s_2 中的部分事实，则可表达为：in s_2：在时空单位 l，上课，小张；yes。

herent）问题。

直觉上，一个抽象情境 s 是不融贯的，如果 s 断定一个矛盾事态成立，即：

$$s|= \{\ll R, a_1, \cdots, a_n, l, 1\gg, \ll R, a_1, \cdots, a_n, l, 0\gg\}$$

由此出发，一个抽象情境 s 是融贯的，如果 s 满足以下三个条件：

（1）不存在 $R, a_1, \cdots, a_n$，使得 $s|=\ll R, a_1, \cdots, a_n, l, 1\gg$ 并且 $s|=\ll R, a_1, \cdots, a_n, l, 0\gg$。

（2）对个体 a 和个体 b 而言，如果 $s|=\ll$相同, a, b, 1$\gg$，则 a＝b。

（3）不存在这样的个体 a，使得 $s|=\ll$相同, a, a, 0$\gg$。

这样，如果抽象情境 s 和 s′ 的并（union）是融贯的，那么 s 和 s′ 将是协调的（compatible）。

尽管现实情境一定是融贯的，但抽象情境的融贯性并不足以保证它能够对应于现实情境，原因在于抽象情境可能用来刻画假陈述或者错误的信息。一个抽象情境 s 是实际的（actual），即它能够对应于某个现实情境，如果 s 满足以下两个条件：

（1）只要 $s|=\ll R, a_1, \cdots, a_n, l, 1\gg$，那么在现实世界中 $a_1, \cdots, a_n$ 之间具有关系 R；并且

（2）只要 $s|=\ll R, a_1, \cdots, a_n, l, 0\gg$，那么在现实世界中 $a_1, \cdots, a_n$ 之间不具有关系 R。

在情境语义学中，对实际情境的进一步考察产生了事实情境（factual situation）和非事实情境（non-factual situation）的区分。事实情境能够对实际情境进行正确的分类，是某个实际情境的一部分；非事实情境不能对实际情境进行正确的分类，不是实际情境的组成部

分。在前面的例子中，情境 s_1 能够对实际情境 s_3 进行正确的分类，所以是事实情境；情境 s_2 不能对实际情境 s_3 进行正确的分类，所以不是事实情境。

最后，有两点需要说明。第一，现实情境、抽象情境以及实际情境概念的界定和区分具有极其重要的意义。正确地理解其间的差异，对于我们理解说谎者命题的真值变化乃至说谎者悖论的消解大有裨益。后面我们将会看到，与任一实际情境相关的说谎者命题假，而与非实际情境相关的说谎者命题却可以为真；说谎者命题 fs 为假的事实被对角线化出相关实际情境 s，不能存在于相关实际情境 s 中，但说谎者命题 fs＊为假的事实却可以存在于非实际情境 s＊（不对应现实情境的抽象的集合论构造）中。第二，在情境语义学中情境虽然通过个体、关系（性质）、时空单位得到描述，但它本身是与个体、关系（性质）、时空单位相并列的研究对象。情境与个体、关系（性质）、时空单位共同构成情境语义学的四大基石。"情境"概念的这一特性，"使得情境理论与语境或其他环境效应理论相区别"。但正如德福林所言，"第一次接触情境这个概念的人，不愿意把情境当做真正的对象——与个体、关系、时空单位等并列的研究对象。我相信，这种不适应来自情境概念的新颖性，进一步说，与我们不能把情境还原为（其他）更为熟悉的对象的复合体有关。在我看来，如果要对信息流动特别是要对交流（communication）进行合适的研究，那么情境将不能被避免。"①

三　情境类型与对象类型

现实世界由情境组成，个体在某一时空单位具有某种性质或处于某种关系中构成一个个情境。在现实世界中尽管许多情境之间互异，但也有不少情境具有共性。例如，小张在不同的时空条件下踢进了一

---

① Keith Devlin, *Logic and Information*, Cambridge University Press, 1991, p. 32.

个球。这里所涉及的两个具体情境之间虽有差异，但很明显亦存在一定的共性：小张踢进了一个球。"情境类型"概念揭示的就是这种存在于不同情境之间的共性。

情境类型是从 n-元关系和 n-个体到值 0 或 1 的部分函数，通常通过序对 < r, x_1, x_2, …, x_n > 与 0 或 1 之间的外延关系得到刻画。由此，上面有关"小张踢进了一个球"的情境类型 S_4 可以表示为：

$$S_4 = \{\langle\langle 一个球，踢进，小张，1 \rangle\rangle\}$$

显然，"情境类型"也属于抽象情境，它可以使我们抽象掉时间、地点等因素而只关注和描述事物处于情境中的方式。需要注意的是，与情境的部分性特征类似，情境类型也具有部分性。这意味着，情境类型对个体、事物和事态的刻画都是有限的，它不可能穷尽所有的个体、事物和事态，因此，对许多东西悬而未决。

情境和情境之间具有一定的共性，情境的组成要素，个体、关系（性质）、时空单位等对象之间同样具有一定的共性。对象类型（object type）反映的就是情境及构成情境的各个要素之间（如个体和个体之间）的共性。显然，对象类型实际上是在情境类型基础上进行的扩充，由此，它包括情境类型。①

对象类型可分为两类，基本类型和非基本类型，后者是对前者的进一步抽象，是包含参数的类型。基本类型涵盖了情境及其所涉及的各个组成要素，包括时间类型（TIM）、空间类型（LOC）、个体类型（IND）、关系类型（REL）、情境类型（SIT）以及极性的类型（POL，即真值 0 或 1），等等。对情境理论中的任意一个对象而言，都存在一个类型与之对应，使得该对象可被归属为那个类型。例如，如果用 l 表示空间位置的话，那么 l 必属于空间类型 LOC，这可表示为 << of-type, l, LOC, 1 >>。

---

① 尽管如此，这里还是把情境类型专列出来，主要是考虑到"情境类型"概念对于后面一些概念（如"关联"、"意义"）的刻画的重要性。

　　非基本类型是进一步通过对类型的抽象得到的类型。具体地说，非基本类型是包含参数（Parameters）的对象类型。"参数"在数学上指方程中可以在某一范围内变化的常数，当此数取一定的值时，就可以得到该方程所代表的图形。在对象类型中引入参数的目的与数学中类似，目的在于刻画对象类型（如时间类型、空间类型或情境类型等）所包括的对象的特性：一方面，（对象类型中的）参数所刻画的"对象"是一个"常数"，因为这些"对象"（个体类型、时间类型、空间类型、情境类型等）都是情境理论中的基本类型；另一方面，这些"常数"并非固定不变，换句话说，它们是在个体类型或时间类型或空间类型或情境类型等范围中变化的常数。

　　习惯上，情境语义学用 $\dot{a}$，$\dot{i}$，$\dot{l}$，$\dot{s}$ 等表示参数，它们分别属于个体类型、时间类型、空间类型和情境类型，表示个体类型、时间类型、空间类型和情境类型中的任意一个对象。就像数学上包含参数的方程所表示的图形是不明确的一样，从信息传递的角度看，包含参数的信息条目还不能给我们提供关于世界的一个完整的信息。只有当参数被固定的情况下，才能真正表达和传递信息。要确定信息条目中参数的所指，就必须引入"限定"（anchor）这个概念。

　　"限定"是根据基本参数的集合 A 被定义的一个函数 f，它指派给 A 中的每一个参数 Tn 以类型 T 的一个对象。换句话说，"限定"能够把参数所示类型中的任一对象确定为一个具体的对象，即它能够使 f$(\dot{a})$ ＝a，f$(\dot{l})$ ＝l，f$(\dot{i})$ ＝t，等等。倘若"限定"函数 f 能够定义一个信息条目中所有的参数，那么，该信息条目所表达的信息就能够被确定。例如，设情境类型 $\dot{s}$ ｜＝≪ wrong，$\dot{a}$，1 ≫∧≪ right，$\dot{b}$，1≫。因为该信息条目中包含 $\dot{a}$、$\dot{b}$、$\dot{s}$ 等参数，显然它还不能传递一则确定的信息。只有当我们能够确定 f$(\dot{s})$ ＝s_1，f$(\dot{a})$ ＝A，并且 f$(\dot{b})$ ＝B 时，换句话说，"限定"函数 f 能够把情境类型 $\dot{s}$ 确定为 s_1，并把个体参数 $\dot{a}$ 和 $\dot{b}$ 分别确定为 A 和 B 时，它才能传递一则完整的信息："在情境 s_1 中，A 是对的而 B 是错的。"如果"限定"函数 f 把情境类型 $\dot{s}$ 确定为 s_2，并把个体参数 $\dot{a}$ 和 $\dot{b}$ 分别确定为 A 和 B，则该信息条目传递出完全不同的信息："在情境 s_2 中，B 是对的而 A

是错的"。

总之，在情境理论中，引入对象类型（包括情境类型）的目的就在于刻画情境及情境的各个组成要素之间的共性。其中，"参数"概念的引入，可以使我们更一般地讨论某一类型中的任意一个对象；而"限定"函数对参数之所指的确定，提供了由抽象回归具体的道路，不仅能使我们得到确定的信息，而且使我们明白：由于"限定"函数对参数的指派不同，一个表达式可以具有不同的语义，传递不同的信息。

四 静态情境与动态情境

从客观世界事物的存在、发展和变化来看，情境可以是静态的，只涉及一个时空单位；也可以是动态的，涉及不同的时空单位。静态情境（static situation）由一个时空单位下的情境类型即$<l, S>$组成，例如：在时空单位 l 小张和小李聊天的情境可表示为：

$$s_5 = \{\ll 聊天，小张和小李，l，1 \gg\}$$

显然，从静态的角度看，情境所涉事态常常具有单一性，因此，静态情境也称事态（state of affairs）。

动态情境（dynamic situation）由不同时空单位条件下的情境类型组成，表现为从时空单位 l 到情境类型 S 的部分函数。例如，"小张和小李聊了聊。之后，小张就睡觉了"。就涉及情境的动态变化：

$$s_6 = \{\ll 聊天，小张和小李，l，1 \gg\}$$
$$s_7 = \{\ll 睡觉，小张，l'，1 \gg\}$$
$$（其中 l < l'）$$

显然，由于情境的动态变化，动态情境所刻画的事态具有多样性，常常表现为一个事件的发生、发展过程，由此，动态情境也称事件过程（coe, course of events），简称事件。用 e 表示事件过程，则上例可以表达为：

$$e= \{\ll 聊天，小张和小李，l，1 \gg\} \cup \{\ll 睡觉，小张，l'，1 \gg\}$$

（其中 $l<l'$）

总之，对于情境概念，我们可以从不同的角度、不同的层面进行研究和刻画。现实情境与抽象情境是从现实与抽象的角度对情境的刻画；静态情境和动态情境则是从静态与动态的角度对情境的描述。情境类型和对象类型是从情境及其组成要素之间共性的角度对情境进行的考察研究。

第三节　关　联

"关联"是情境语义学中的一个核心概念。从情境语义学的角度看，自然规律、语言规则、社会约定、分析规则等都可以作为关联的例示，现实世界充满了"关联"，意义就建立在关联的基础上。"关联"概念的应用不仅"使得情境理论与蒙太古语法不同"，而且"对情境理论在语义学和人工智能中的应用起着至关重要的作用"。[①]

一　关联的含义

对于什么是关联的问题，情境语义学派还没有取得一致的见解。从总体上看，其对关联的认识主要包括以下几种观点：

（1）把"关联"看做真命题；

---

① Jerry Seligman & Lawrence. S. Moss, "Situation theory", in J. Van Benthem & A. ter Meulen (ed.), *Handbook of Logic and Language*, 1997, p. 299.

（2）把"关联"看做事实；

（3）把"关联"看做情境、信息条目或命题之间的关系；

（4）把"关联"看做情境、世界、信息条目或命题的集合；

（5）把"关联"看做情境类型之间的关系。①

巴威斯和佩里在情境语义学创立的初期提出了观点（5），认为关联反映的是情境类型之间的关系。② 在他们看来，"有烟必有火"这样的关联，反映的不是某时某地的"烟"与某时某地的"火"之间的关联，而是所有"有烟的情境"，即具有"有烟"这个共性的情境类型与"有火"这个共性的情境类型之间的关联。换句话说，"关联"反映的是"烟"与"火"之间所存在的一般的或者说本质性联系，这种联系已经完全撇开了具体的时空条件。但另一方面，这种抽象的情境类型之间的联系，一旦放置到具体的时空条件下，又能够充分说明具体情境之间的关系。在语言意义的讨论中，有关抽象意义和使用意义的刻画充分说明了这一点。总之，关联虽然直接反映情境类型和情境类型之间的关系，但情境类型之间的关系又可以生成情境之间的关系，也就是说，特定时空条件下不同情境之间的关系根源于情境类型之间的关联。这一点是在谈到关联概念时必须注意的。

二 关联的分类

情境类型间的关联可以从多个角度进行划分。根据关联出现的原因，可把关联分为惯常性关联、必然性关联以及约定性关联；依据关联出现的条件性，可将关联分为条件性关联（conditional constraints）和非条件性关联（unconditional constraints）。

---

① Jerry Seligman & Lawrence. S. Moss, "Situation theory", in J. Van Benthem & A. ter Meulen（ed.）, *Handbook of Logic and Language*, 1997, p. 300.

② Jon Barwise & John Perry, *Situations and Attitudes*, CSLI Publications, 1999, p. xxvii.

1. 惯常性关联、必然性关联、约定性关联

惯常性关联是事物或现象之间规律性或规则性关系的反映。惯常性关联广泛地存在于自然界中，作为一种不可违背的模式约束着人们。巴威斯和佩里通过"烟意味着火"来说明惯常性关联。

令 S_0 为有烟的情境类型，S_1 为有火的情境类型，l 为空间类型参数，i 为时间类型参数，$\dot{s}$ 为有烟情境类型 S_0 中的参数（表示情境类型 S_0 中的任意一个对象），$\dot{s}_1$ 为有火情境类型 S_1 中的参数（表示情境类型 S_1 中的任意一个对象），则：

$$S_0 = [\,\dot{s}_0 \mid \dot{s}_0 \mid = \ll \text{smoke-present},\ l,\ i,\ 1 \gg]$$
$$S_1 = [\,\dot{s}_1 \mid \dot{s}_1 \mid = \ll \text{fire-present},\ l,\ i,\ 1 \gg]$$

"烟意味着火"所反映的关联 C 可表示为 $S_0 \Rightarrow S_1$ 或 $\ll$ 包含，S_0，S_1，1$\gg$。符号"$\Rightarrow$"强调情境类型 S_0 和 S_1 之间存在一种内在的关联而不仅仅是一种外在的真值关系。这种关联一旦放置到具体情境中，就能够显示有烟情境和有火情境之间"存在一个系统的信息链条"。①

必然性关联反映的是事物、事物的性质或关系之间存在的（逻辑或分析的）必然性关系。例如，"盒子里没有东西"与"盒子是空的"之间存在的关联就是必然性关联。必然性关联在很多情况下以自返的方式起作用，这种以自返方式起作用的关联被称为自返性关联（reflexive constraints）。如果关联 $S_2 \Rightarrow S_3$ 是自返的，那么，属于类型 S_2 的每一个情境也属于类型 S_3。巴威斯和佩里通过"吻意味着接触"来说明必然性关联。

令 S_2 为 Kiss 的情境类型，S_3 为 touch 的情境类型，$\dot{a}$，b 为个体参数，i 为时间参数，l 为地点参数，$\dot{s}$ 为情境类型 S_2 和 S_3 中的参

---

① Keith Devlin, *Logic and Information*, Cambridge University Press, 1991, p. 12.

数，则：

$S_2 = [\dot{s} \mid \dot{s} \models \ll \text{Kisses}, \dot{a}, b, l, i, 1 \gg]$

$S_3 = [\dot{s} \mid \dot{s} \models \ll \text{touches}, \dot{a}, b, l, i, 1 \gg]$

这样，"吻意味着接触"所反映的关联 C 可表示为 $S_2 \Rightarrow S_3$。注意，在"烟意味着火"这个例子中，有烟的情境与有火的情境不必相同，虽然二者可能相同；而"吻意味着接触"一例中，吻的情境与接触的情境完全相同。由此，属于类型 S_2 的每一个情境也属于类型 S_3，情境参数 $\dot{s}$ 的使用说明了这一点。自返性关联的重要特征是提供了关于同一情境的更多信息。

约定性关联是对一个特定团体中约定俗成的规则的反映，如一个语言共同体中有关语言的规则或一个社会团体共同遵守的社会规则等。正如交通规则对人类行为存在着制约一样，约定性关联也在现实生活中制约着人们的行为。但是，与惯常性关联和必然性关联不同，约定性关联并不是不可违背的。巴威斯和佩里通过"铃响意味着下课"来说明约定性关联。

令 S_4 为铃响的情境类型，S_5 为下课的情境类型，i 表示时间参数，l 表示地点参数，b 表示铃，$\dot{c}$ 表示"课"的参数，$\dot{s}_4$ 表示铃响情境类型 S_4 中的情境参数，$\dot{s}_5$ 表示下课情境类型 S_5 中的情境参数，则：

$S_4 = [\dot{s}_4 \mid \dot{s}_4 \models \ll \text{rings}, b, i, 1 \gg]$

$S_5 = [\dot{s}_5 \mid \dot{s}_5 \models \ll \text{over}, \dot{c}, 1 \gg]$

"铃响意味着下课"所反映的关联 C 可以表达为 $S_4 \Rightarrow S_5$。注意，与语言规则有关的关联都属于约定性关联，如"'蛋糕'意味着蛋糕"，这一关联建立的基础就是语言共同团体有关语言使用的约定，因此并非不可违背。在情境语义学看来，学习语言就是要学习与语言相关的"关联"，如关于词的基本意义的规定，关于词如何能够组成句子的规则以及如何使用句子去传递信息等。

笔者以为，巴威斯等在关联的分类过程中将惯常性关联、必然性关联、约定性关联并列起来的做法有越级划分的嫌疑。如果把对关联的分类稍加整理，即首先把关联分为约定性关联和非约定性关联，然后把非约定性关联进一步分为惯常性关联、必然性关联，则会更清晰和合理。

2. 条件性关联和非条件性关联

在大多数情况下，情境类型之间的关联并不需要以满足某些条件为前提才能发挥作用，上面提到的必然性关联和惯常性关联都是如此。情境语义学把这种类型的关联称为非条件性关联。

与非条件性关联不同，现实世界中也有许多关联的出现与条件相关，如一个词究竟表达什么意义很多时候必须参照语言背景才能决定。这里所谓的"语言背景"就是条件性的东西，它决定着语言表达所关涉的约定性关联是否成立：当条件存在时，关联成立；当条件改变时，关联就要发生变化。情境语义学把只在特定条件下成立的关联称为条件性关联。条件性关联可以写做 $T_1 \Rightarrow T_2 \mid B$，意思是在满足条件 B 时，$T_1$ 包含 T_2。①

关联还可以从其他的角度进行刻画。例如，描述不协调性质之间的关联又被称为排除性（preclusion）关联。以"白色不是黑色"为例，当人们确定一个事物是白色的时候，就必须排除它是黑色的可能。这种类型的关联可以写做 $T_1 \perp T_2$，意思是 T_1 排除 T_2。

总之，从情境语义学的角度看，"关联"广泛地存在于现实世界中，正是情境类型之间存在的各种关联才产生了意义。

第四节　意　义

意义问题是 20 世纪语言哲学探讨的核心课题，也是情境语义学研究的中心问题之一。在情境语义学看来，意义广泛地存在于现实世

---

① Jerry Seligman & Lawrence. S. Moss, "Situation theory", in J. Van Benthem & A. ter Meulen（ed.）, *Handbook of Logic and Language*, 1997, p. 303.

界中，存在于情境类型之间的关联中。情境语义学所讲的"意义"，至少在两个方面不同于以往的研究：其一，涵盖面广。情境语义学所讲的"意义"，适用于"意义"一词的多种用法；① 其二，意义研究模式的不同。情境语义学以"情境"为工具来探寻、研究、刻画事物、现象以及自然语言的意义。在它看来，语言表达式的抽象意义通过约定性关联表现出来，表现为话语情境类型与描述情境类型之间的关联；语言表达式的使用意义建立在抽象意义的基础上，表现为话语情境与描述情境之间的关联。情境语义学的意义理论因之被称为"意义的关系理论"（The Relational Theory of Meaning）。

一　意义

情境语义学的意义观是一种"生态现实主义"（Ecological Realism）的意义观。之所以说是"生态现实主义"，是因为它主张意义存在于生物体与环境的相互作用中。在它看来，意义并不依赖语言，不仅语言表达式具有意义，意义还可通过其他各种方式表现出来。不同情境类型间的制约关联都可以产生意义，有烟和有火的情境类型之间的关联是意义的一种展现，靠右边行走的交通规则同样具有一定的意义。总之，意义广泛地存在于外部世界中，"意义的家园很自然地是这个世界，因为意义产生于情境（现实世界的一部分）中成立的规律性关系。"②

在意义的众多表现形式中，情境语义学最关注语言的意义。在自然语言的意义研究方面，情境语义学深受言语行为理论学派的影响。关于自然语言的意义，J. R. 塞尔曾明确指出，"意义不仅是一个意向的问题，它也是一个惯例的问题"。"我通过让别人去领会我要产生某种效果的意向来试图产生某种效果。但是我用来产生这种效果的手

---

① Jon Barwise & John Perry, *Situations and Attitudes*, CSLI Publications, 1999, p. xxii.

② Ibid., p. 16.

段，凭借支配使用这种手段的规则，通过惯例才能被用来作为一种产生不同的以言行事效果的方法"。① 情境语义学派更明确指出，"语言表达式的语言意义（linguistic meanings）就是话语所反映的约定性关联。语义学的研究要努力说明这些关联，说明普通的说话者在了解他的语言中话语意义的过程中了解了什么"。②

显然，情境语义学所说的"语言意义"实际上就是语言表达式的抽象意义。按照情境语义学，它通过情境类型之间的约定性关联得以展现。为揭示语言表达式的抽象意义，并在此基础上进一步考察话语的具体意义，情境语义学首先考察了与语言意义相关的各个要素。

1. 与语言意义相关的要素

在情境语义学看来，与语言意义相关的要素主要有：

第一，谈话情境（discourse situation）。

在日常语言的交流过程中，一句话的说出总要涉及这样几个因素：说话者、听话者、时间、地点等。所谓谈话情境，指的就是"发出或接收话语的情境或语境"。③ 例如，在某一时空单位 l，小张对小李说："昨天小王买了一台新电脑。"小李回答说："太好了！"这段话的谈话情境指的就是小张说出这句话、小李听到这句话的情境，它既包括说话者小张、听话者小李，还包括谈话发生的时间、地点。

谈话情境关注的是多个话语被说出情形下的情境，通常用 d 表示。当话语被独立说出时，其谈话情境可被称为话语情境（utterance situation），通常用 u 表示。为简化研究，情境语义学通常只假设一个说话者、一个听话者，而且大部分情况下考虑的是单个的话语，故通常情况下不需区分谈话情境和话语情境。

---

① J. R. 塞尔：《什么是言语行为》，载 A. P. 马蒂尼奇编《语言哲学》，商务印书馆 1998 年版，第 238～239 页。

② Jon Barwise & John Perry, *Situations and Attitudes*, CSLI Publications, 1999, p. 119.

③ Keith Devlin, *Logic and Information*, Cambridge University Press, 1991, p. 218.

在前例中，如果我们用 φ 表示"昨天小王买了一台新电脑"，把 φ 被说出的话语情境写作 u，则 u 满足：

$$u|=\ll 说，小张，l，1\gg \wedge \ll 说出，小张，\phi，l，1\gg \wedge \ll 说，小张，对小李，l，1\gg$$

显然，话语情境能够确定说话者、听话者、话语发生的时间地点等因素。

第二，描述情境（described situation）。

描述情境是话语所描述的现实世界的组成部分，通常用 e 表示。例如，当张三对李四说，"太阳正从海面上升起"，张三的话语就描述了这样一个情境，"太阳正从海面上升起"，该情境是现实世界的组成部分。前述例小张对小李说"昨天小王买了一台新电脑"中，小张的话语同样也描述了一个情境，该情境支持"昨天小王买了一台新电脑"这样一个事态。即：

$$e|=\ll 买了，一台新电脑，小王，昨天，1\gg$$

由此可以看出，一个话语的命题内容实际上就是从特定角度强调的描述情境。

第三，来源情境（resource situation）。

来源情境是用来补充说明指示词之所指的情境，通常用 r 表示。在日常语言的交流中，为了使听话者明确语词所指称的对象，说话者有时必须进行必要的补充说明。例如，在小张与小李的交流中，小李进一步询问小张"小王在什么地方买了一台电脑"。为使小李正确地理解自己所要说明的地点，小张回答说："小王在阳光商厦，小黄工作的那个地方，买了一台电脑。"在该话语中小张显然使用了一个来源情境 r，这一情境支持事态"小黄工作的那个地方"。即：

$$r|=\ll 那个地方，工作，小黄，l'，1\gg$$

在这个例子中，来源情境所涉及的时间地点虽然没有明确地被指出，但它应是交流的双方都明确的，否则就可能影响交流的顺利进行。

来源情境可以通过多种方式被说明，如可以被说话者所构想，可以被先前的谈话所建构，可以是关于世界或某个情境的常识所涉及的对象，可以是世界存在的方式。[①] 总之，只要能够帮助说话者说明其意指的对象，帮助听话者了解说话者的所指，来源情境的使用就算达到了目的。

第四，言者链接（speaker's connection）。

在情境语义学看来，人们运用语言进行交流的根本目的是为了传递信息。在谈话过程中，说话者总是具有某种意向性，意图使自己的话语传递某一信息以在听话者身上产生某种被期望的结果。说话者的意图直接影响并决定着话语的意义与所传递的信息。情境语义学用"言者链接"来反映说话者的意图。具体地说，"言者链接"是从指称表达式 α 到其所指对象 $c(\alpha)$ 的部分函数，它把说话者说出的某些语词与这些词在现实世界中的所指联系起来，不仅反映了说话者与话语所指对象的联系，而且在一定程度上决定并影响着描述情境。例如，小张对小李说："刘立睡着了。"从抽象的角度看，"刘立睡着了"这一句子中的专名"刘立"的所指是不确定的，因为它可以指称任何一位名为"刘立"的对象。但在具体的交流中，说话者小张通过自己的交流意图，借助"言者链接"能够确定"刘立"的所指：

$$c \models \ll \text{refer-to}, \text{小张}, \text{刘立}, l, 1 \gg$$

"言者链接"在语言交流中起着非常重要的作用，因为假定不同的言者链接，就会使同一指示词指称不同的对象，从而使话语具有不

---

① Keith Devlin, *Logic and Information*, Cambridge University Press, 1991, pp. 219~220.

同的意义，传递不同的信息。

在巴威斯和佩里看来，如果把谈话（话语）情境进一步扩充为包括"言者链接"的情境，就产生了所指情境（referring situation）：所指情境本身就是一个谈话（话语）情境或把谈话（话语）情境作为一部分。在情境语义学后来的发展中，德福林做了两个改变：第一，直接把"言者链接"看做话语情境的一部分，如当小张对小李说"刘立睡着了"，话语情境 u 支持如下事态：

$$u|=\ll 说，小张，刘立睡着了，l，t，1 \gg \wedge \ll refer\text{-}to，小张，刘立，l，t，1 \gg$$

这就是说，巴威斯等习惯用 d、c 表示谈话情境和言者链接，而德福林更愿意把二者合起来写做 u。第二，德福林用"嵌入情境"（embedding situation）取代了所指情境。嵌入情境是与话语直接相关的现实世界的组成部分。谈话情境、来源情境都可以是嵌入情境的一部分。与所指情境相比，嵌入情境似乎更能凸显话语所产生的后果，即说话人通过话语的表达对听话人所造成的影响。例如，当我说"我很热"时，刘立就把空调打开了。"把空调打开"就属于我的话语所产生的影响，这样，我的话语实际上还涉及如下两个嵌入情境：

$$e|=\ll 关闭，空调，l，1 \gg$$
$$e'|=\ll 打开，空调，刘立，l，1 \gg$$

这里，e 到 e' 的变化揭示和反映了我的话语的"影响"。不难看出，嵌入情境与言语行为理论学派的首创者奥斯汀所讲的"语效行为"联系相当密切，因为语效行为描述的就是话语所产生的效果。

总之，就与语言意义相关的要素而言，情境语义学主要谈到了谈话情境、描述情境、言者链接、来源情境以及嵌入情境。这里有三点需要说明：第一，上述要素不是孤立的，它们之间有着密切的关系。

德福林所给出的图示较为清楚地揭示了这些要素之间的关系，参见图 1。① 第二，德福林在有关嵌入情境的讨论中虽然提及了话语的影响，即话语所产生的效果，但在语言意义的考察中似乎并没有涉及这一点，这可以说是情境语义学的一个不足。在笔者看来，话语的影响应该是话语意义的重要组成部分，对意义的刻画应该包括这一点。第三，在不涉及来源情境的情况下，语言表达式 σ 的意义由谈话情境 d、描述情境 e、言者链接 c 和表达式 σ 共同决定。因此，情境语义学用 d，c‖σ‖e 或 u‖σ‖e 表示 σ 的使用意义。第四，言者链接、来源情境以及谈话情境都是我们通常所说的语境的重要组成部分。在谈到语言表达式的解释时，巴威斯等明确指出了这一点：一个表达式的解释由两方面要素决定，该表达式的语言学意义和该语言表达式的语境用

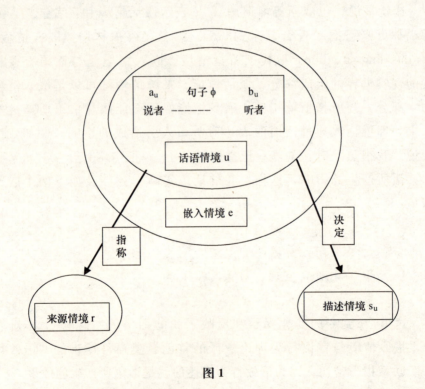

图 1

---

① Keith Devlin，*Logic and Information*，Cambridge University Press，1991，p. 220.

法。语境可进一步被拆分为三个基本要素，分别是谈话情境、言者链接和来源情境。[①] 后面我们将会看到，正是对话语意义相关要素的揭示，使得情境语义学对意义问题的研究，实现了动态描述与静态刻画的完美结合。

2. 自然语言语句的意义

在自然语言中，"意义"是个多义词，既可被理解为"价值、目的"，又可被理解为"语义"。即便仅从"语义"的角度来理解"意义"，也可进一步做抽象的理解和具体的阐释。所谓抽象的理解，是指在不涉及语境情况下对语句意义的理解；所谓具体的阐释，是对语句在具体使用过程中表现出来的意义的刻画。

情境语义学不仅考察了语言表达式的抽象意义，而且考察了语言表达式的使用意义。在对语言表达式两种意义的考察过程中，它不仅考察了语词（如名词、动词、代词等）而且考察了语句的意义。在情境语义学看来，若 α 为名词或代词，则 α 的抽象意义 $M(\alpha)$ 表现为话语情境类型 U 和对象类型 E 之间的关联，α 的使用意义 $\|\alpha\|$ 表现为话语情境 u 和某一特定对象 a 之间的关联，即 $u\|\alpha\|a$；若 α 为动词，则 α 的抽象意义 $M(\alpha)$ 表现为话语情境类型 U 和关系类型 R 之间的关联，α 的使用意义 $\|\alpha\|$ 表现为话语情境 u 和某一特定关系 r 之间的关联，即 $u\|\alpha\|r$；若 α 为句子，则 α 的抽象意义 $M(\alpha)$ 表现为话语情境类型 U 和描述情境类型 E 之间的关联，α 的使用意义 $\|\alpha\|$ 表现为话语情境 u 和描述情境 e 之间的关联，即 $u\|\alpha\|e$。下面仅以德福林对句子" ϕ：Keith bought a dog"的意义刻画为例进行说明。

令 $\acute{u}$ 为话语情境参数，$\acute{s}$ 为描述情境参数，$\acute{a}_u$ 为说话者参数，$\acute{b}_u$ 为听话者参数，$\acute{L}_u$ 为时间参数，$\acute{i}_u$ 为地点参数，ϕ 为 $\acute{a}_u$ 说出的语言表达式，则 ϕ 的抽象意义 $M(\phi)$ 表现为话语情境类型 U

①　Jon Barwise & John Perry，*Situations and Attitudes*，CSLI Publications，1999，p. 32.

$$U= [\dot{u} \mid \dot{u} \mid= \ll \text{speaking-to}, \dot{a}_u, \dot{b}_u, \dot{L}_u, i_u, 1 \gg \wedge$$

$$\ll \text{utters}, \dot{a}_u, \phi, \dot{L}_u, i_u, 1 \gg \wedge \ll \text{refers}, \dot{a}_u, \text{KEITH}, \dot{k},$$

$$\dot{L}_u, i_u, 1 \gg]$$

和 φ 所描述的情境类型 E

$$E= [\dot{s} \mid \dot{s} \mid= \exists \dot{p} \exists i \ll \text{buys}, \dot{k}, \dot{p}, i, 1 \gg]$$

之间的一种抽象的关联。其中，$\dot{k}$ 是所有名为 keith 者的参数，$\dot{p}$ 是狗的参数，i 是 i_u 之前的一个时间参数。注意，话语情境类型 U 中包含了说话者的所指，即说话者 $\dot{a}_u$ 把 $\dot{u}$ 中 $\dot{k}$ 的所指确定为名字为 KEITH 的个体。

句子 φ 的使用意义 ‖φ‖ 把 φ 的任一特定话语情境 u 和 φ 所描述情境 s 联系起来：

$$u \parallel \phi \parallel s \text{ 当且仅当 } [u ： U] \text{ 并且 } [Su (\phi) \subseteq s] \text{ 并且 } [s ： E]$$

其中，u：U 表示某一具体话语情境 u 属于抽象的话语情境类型 U；Su（φ）⊆s 表示话语情境 u 中 φ 所描述的情境被包含在不考虑话语情境 u 时 φ 所描述的情境 s 中；s：E 表示描述情境 s 属于描述情境类型 E。

注意，上面这个例子没有涉及来源情境。在涉及来源情境的情况下（如，站在门边的那个人正在抽烟），句子的意义（无论是抽象意义还是使用意义）都还必须参考来源情境。总之，句子的意义与话语情境、言者链接、来源情境、描述情境等因素密切相关，正是这些情境类型或情境之间的关联分别决定着句子的抽象意义和使用意义，使得句子的抽象意义和使用意义随着相关情境的变化而变化。

二　意义、解释与真

1. 意义与解释

情境语义学对语言表达式的抽象意义和使用意义的同时关注，源于其对语言效应（efficiency）问题的重视。巴威斯和佩里明确指出，语言的效应问题是语义研究的中心课题之一。所谓"语言的效应"，是指"一个语言表达式可以在（一个语言共同体所确认的）某一相同意义上被反复使用，但由这种未变化的意义和话语的使用场合共同决定的解释，每一次都可以不同，即每一次都可以对该语句做出一个新的解释"。[①] 简单地说，句子的语义（抽象意义）相同，但使用意义可能不同，因而所获得的解释也可能不同，这就是"语言的效应"。显然，"语言的效应"关注的是一个语句的多种表达效果，它建立的基础是句子的使用或语用意义。

在情境语义学看来，一个句子的抽象意义不能决定这个句子在特定场合中的用法，不能决定人们在特定场合中对这个句子所做的解释。要了解句子在特定情形下的解释必须参照句子的使用意义，因为一个句子 φ 的使用意义由相关谈话情境 d、言者链接 c、表达式 φ 本身以及描述情境 e 等要素（有时还涉及来源情境）共同决定，即 d, c ‖φ‖ e，因此，句子 φ 在特定情形下所获得的解释也与这些因素密切相关。正如巴威斯等所说，一个话语（被说出的句子）的解释依赖于所使用表达式的意义以及与该话语相关的各种事实。

句子的解释随着相关情境的变化而变化的事实，可以通过一个简单的例子来说明。数学中勾股定理 $a^2 + b^2 = c^2$ 告诉我们：当一个三角形的两个边被确定时，该三角形的第三个边就随之被确定；反之，如果仅仅确定三角形的一个边时，其他两个边就必然会有多种组合，从而产生不同的三角形。与勾股定理所揭示的内容非常相似，当句子意

---

① Jon Barwise & John Perry, *Situations and Attitudes*，CSLI Publications，1999，p. 38.

义相关的各个要素都能被确定时，句子的使用意义是确定的，句子的解释也是确定的；反之，如果仅能确定句子所涉及的多个要素中的一个或部分，那么句子的使用意义及其解释都不能被确定。例如，对于句子"昨天我碰到的那个人说的是对的，而小张说的是错的"而言，无论确定话语情境、言者链接或来源情境等要素中的某一个还是一部分，都还不能确定这个句子的使用意义，给出该句子的解释。显然，在语义（抽象意义）不变而相关情境要素发生变化的情况下，该句子可能描述不同的个体，具有不同的使用意义，获得不同的解释并传递不同的信息。

2. 意义、解释与真

　　情境语义学本身并没有花费大量的笔墨来讨论"真"，这里之所以要谈到"真"，原因是多方面的。首先，客观地说，由于"情境"概念的引入，情境语义学对"真"的认识与关注永真句的传统语义学之间存在很大的差异。作为逻辑学的研究者，我们希望了解这种差异；其次，对该问题的探讨直接服务于我们的主题语义悖论的解决，因为语义悖论的出现直接威胁的就是经典逻辑关于"真"的认识。以下主要从两个方面来考察意义、解释与真的关系，在本章的第五节我们还将详细展开讨论。

　　（1）意义与真。

　　经典语义学中颇为著名的一种观点是把句子的意义等同于句子的真值，这种观点在戴维森那里发挥到了极致。他说，如果我们愿意的话，可以把"……是真的，当且仅当……"理解为"……的意思是……"① 这样，知道了"雪是白的"为真的条件，也就等于知道了"雪是白的"的意义。对此，巴威斯等指出，"真"对于语言的理解固然非常重要，但"真"只是语言意义对说话者的一种限制，而且是对简单的合理使用的断定性陈述所做的限制。在日常语言中，许多句子的意义不能简单地由真假概念所概括和反映，语言意义理论比话语的

---

① 参看徐烈炯《语义论》，语文出版社 1995 年版，第 56 页。

真值条件解释要丰富得多，语言的外在意义、语言的丰富性、语言的效应、语言视角的相对性、语言的歧义性以及语言的心理意义都属于语言意义理论的研究范畴。

（2）意义、解释与真。

现代逻辑的奠基人弗雷格认为，语句的意义是语句所表达的思想（客观内容），语句的指称则是语句的真值。巴威斯和佩里指出，语句的指称并非语句的真值而应该是语句所描述的情境，弗雷格的错误在于把语句的解释（指称构成解释的一部分）和语句的评价（真或假）混为一谈："真"所反映的是语句的解释与客观事实之间是否符合的关系，它不同于语句的解释。在巴威斯等看来，"使用'情境'概念，人们可以把有关意义和真的事实分为两个部分，一个是与话语相关的事实，一个是与描述情境相关的事实，即与被解释后的话语的真或假相关的事实。当我说'你正坐着'，与'我'有关的事实——我是谁、我在跟谁说话，决定着我的话语的解释，而有关你的事实决定着我的话语的真或假。"① 由此看来，"真"是既不同于"意义"、又不同于"解释"的一个概念。但另一方面，"意义"、"解释"与"真"这三者之间又存在着深刻的关联，具体地说，"一个话语的解释依赖于所使用表达式的意义以及与这一话语相关的其他各种事实，而话语的真又依赖于该话语的解释是否符合事实。"②

在当代语言哲学的发展历程中，意义问题始终是哲学家们关注的核心问题，其中，意义与真的关系问题更是许多哲学家绞尽脑汁、百思不得其解的问题。不少学者把意义与真混为一谈，更有一些学者直接把意义等同于真。巴威斯等对意义、解释与真之间关系的考察，揭示了意义、解释与真的差异，在一定程度上澄清了三者的关系。

---

① Jon Barwise & John Perry, *Situations and Attitudes*, CSLI Publications, 1999, p. 6.

② Ibid.

第五节　情境语义学对意义理论的
　　　　创新与发展

　　作为意义理论的一种新探索，情境语义学的诞生至今只有二十多年的历史。情境语义学的重要代表人物德福林先生 1991 年在其有关情境语义学的专著《信息与逻辑》中写道：1984 年听了巴威斯有关情境语义学的讲座，认识到与巴威斯思想的相通使他感到异常的惊喜！因为此前德福林所做的类似讲座曾招致了不信任和不理解，而现在"毕竟一条船上有两个人了"！在随后的十几年中，情境语义学备受逻辑学家、语言学家、计算机科学家和人工智能学者的关注，如雨后春笋般蓬勃发展起来。但是，一个领域的研究不可能在几十年间得以成熟和完善。迄今为止关于情境语义学还没有一个既定的看法，没有公认的中心理论，① 许多学者都只强调特定方向上的研究，人们对许多问题的认识还存在一些分歧。也正因为如此，要对情境语义学进行准确定位和科学评价还有相当大的难度，这里仅从意义理论研究的角度展开讨论。笔者以为，情境语义学对意义与真之关系的诠释，对意义的语用研究的深化，推进了意义问题的研究进程，同时也为说谎者悖论问题的解决奠定了基础。

一　意义研究的既成理论

　　众所周知，意义问题是 20 世纪语言哲学研究的核心问题，也是整个西方现代语言哲学发展的一条重要线索。在西方语言哲学的相关论著中，几乎没有一本不涉及意义问题。哲学家们围绕意义问题展开了热烈的讨论，以至于赖尔曾做过这样的评论："可以把哲学家们对

---

　　① Keith Devlin, *Information and Logic*, Cambridge University Press, 1991, p. 299.

意义理论的专心致志的研究，说成是 20 世纪盎格鲁—撒克逊和奥地利哲学家们的一种职业病。"① 20 世纪的语言哲学在意义研究方面，至少产生了五种著名的理论，分别是指称论、观念论、功用论、行为论和语义论，这五种理论分别从不同的角度对意义问题做了阐释。

指称论认为，语词因为指示或指称外部世界中的事物或事实而具有意义，一个语词的意义就是它所指示或指称的对象。例如，"苹果"一词的意义在于它所指称的、存在于客观世界中的"苹果"这种实物。

观念论主张，语词的意义是它在人们头脑中所引起的观念。例如，当提及"苹果"这一名称时，人们的头脑中会产生与苹果相关的观念，这种观念就是"苹果"这一名称的意义。

功用论认为，语词的意义在于它的使用。语词在一定的语境中所产生的功能或所起的作用就是该语词的意义。例如，当在朋友家做客，朋友递给你一个苹果时说"苹果"，"苹果"一词的意义就是它在当时语境中所起的作用——传递了某种信息：请你吃苹果。在功用论看来，脱离开语词被使用的语境就无法正确地考察它的意义。

与功用论相似但又有不同的是行为论。受刺激—反应理论的影响，行为论主张，语词的意义在于其被说出后所产生的效果，在听话者身上所引起的反应。例如，当某人高喊"蛇"时，"蛇"这一语词在听话者身上所产生的反应，如惊恐，就是该语词的意义。

语义论从真值条件的角度来考察语句的意义。语义论认为，一个语句的意义就在于该语句的成真条件，当我们知道一个语句何时为真时，也就知道了这个语句的意义。

上述五种理论在意义研究上各有侧重、各有优势，但又各有欠缺和不足。与这些理论相比，情境语义学对意义的研究有所创新和发展。

二　意义的关系理论——一种新的意义理论

在意义研究方面，情境语义学提出了一种新的意义理论——意义

① 转引自涂纪亮《英美语言哲学概论》，人民出版社 1988 年版，第 124 页。

的关系理论。之所以称它为一种新的意义理论，原因在于：

1. "意义"研究范围的扩大

从"意义"一词的使用看，它不仅涉及语词（语句）的含义（如，"犊"的意思是小牛），而且涉及说话人的意图（如，"你说这句话是什么意思？"）、自然界事物之间的客观联系（如，无风不起浪）。以往的语义理论侧重研究的是语言表达式的意义，对客观事物间的关联所表现出来的意义一般不予考虑。在意义研究上，情境语义学持一种"生态现实主义"的意义观。它既不像洛克那样，认为意义存在于人的头脑中；也不像弗雷格那样，认为意义既不在外部世界中，也不在人的心里，而是存在于第三个领域中。情境语义学从本体论的角度出发来研究意义，它主张意义存在于生物体与环境的相互作用中。因此，不仅语言表达式具有意义，意义还可通过其他各种方式表现出来——不同的情境或情境类型之间的制约关联都可产生意义。例如，有烟和有火的情境之间的关联是意义的一种展现，靠右边行走的交通规则同样具有一定的意义。情境语义学的创始人巴威斯和佩里在《情境与态度》一书中详细地探讨了"烟意味着火"、"吻意味着接触"、"铃响意味着下课"、"'蛋糕'意味着蛋糕"这四种现象所反映的自然界之间的关联以及人类社会中广泛存在的约定性关联（参见本章第三节）。巴威斯和佩里认为，正是这种"关联"产生了"意义"。这样，情境语义学只是把语言表达式的意义，作为意义研究的一个内容（只不过是比较重要的一个内容），总体上，它要阐明的是一个有关意义的综合理论——意义广泛地存在于外部世界中，意义广泛地存在于外部世界中，"意义的家园很自然地是这个世界，因为意义产生于情境（现实世界的一部分）中成立的规律性关系。"① 情境语义学所谈及的意义适用于"意义"一词的多种用法。②

---

① Jon Barwise & John Perry, *Situations and Attitudes*, CSLI Publications, 1999, p. 16.

② Ibid. , p. xxii.

2. "意义"研究内容的创新

指称论、观念论、功用论、行为论、语义论从不同的角度对意义所作的研究各有利弊。在综合考察这几种意义理论的基础上，情境语义学别具一格地提出了意义的关系理论。它认为，意义是在不同的情境（或情境类型）之间存在的一种关联。就语言表达式而言，它的意义既不单纯地表现为它所指称的对象，也不在于它在人们头脑中所引起的观念；既不单纯地表现为语言的功用，也不仅仅在于语言所产生的效果、语句为真的条件。意义反映的是一种关联，抽象的情境类型之间的关联反映了语词（语句）的抽象意义；具体的情境之间的关联反映了语词（语句）的使用意义。

为深入探讨语言表达式的意义，情境语义学首先对制约影响语言意义的要素进行了考察。在情境语义学看来，一个语言表达式的意义涉及谈话情境、来源情境、言者链接、描述情境以及语言表达式本身等多个要素。所谓谈话情境，指发出或接收话语的情境或语境，包括说话者、听话者、时间、地点等因素；描述情境指话语所描述或话语所揭示的现实世界的组成部分；来源情境是用来补充说明确定说话者所指的情境，旨在使听者能正确理解话语的含义。例如，"昨天来我们家的那个小男孩 6 月份要出国"，这句话中"昨天来我们家的那个小男孩"所展现的情境就称为来源情境；言者链接反映说话者的意向，通过说话者的所指确定语言表达式中名词、代词等词语的所指。在日常交流过程中，上述几个要素都不同程度地影响着语言的意义。

情境与情境之间存在一定的共性，情境语义学用"情境类型"来反映情境之间存在的共性。在情境语义学看来，一个语句的抽象意义反映了这个语句被说出的话语情境类型和该语句所描述的情境类型之间的关联；一个语句的使用意义反映了该语句被说出的话语情境和该语句所描述的情境之间的关联。例如，语句"ϕ: Keith bought a dog"的抽象意义 $M(\phi)$ 表现为话语情境类型 U

$$U = [\,\dot{u} \mid \dot{u}\,| = \ll \text{speaking-to}, \dot{a}_u, \dot{b}_u, \dot{L}_u, \dot{i}_u, 1 \gg \wedge$$

$\ll \text{utters}, \dot{a}_u, \phi, \dot{L}_u, \dot{i}_u, 1 \gg \wedge \ll \text{refers}, \dot{a}_u, \text{KEITH}, \dot{k},$
$\dot{L}_u, \dot{i}_u, 1 \gg]$

和 φ 所描述的情境类型 E

$$E = [\dot{s} \mid \dot{s} \models \exists \dot{p} \exists \dot{i} \ll \text{buys}, \dot{k}, \dot{p}, \dot{i}, 1 \gg]$$

之间的一种抽象的关联。其中，$\dot{u}$ 为话语情境参数，$\dot{s}$ 为描述情境参数，$\dot{a}_u$ 为说话者参数，$\dot{b}_u$ 为听话者参数，$\dot{L}_u$ 为时间参数，$\dot{i}_u$ 为地点参数，φ 为 $\dot{a}_u$ 说出的语言表达式，$\dot{k}$ 是所有名为 keith 者的参数，$\dot{p}$ 是狗的参数，$\dot{i}$ 表示 $\dot{i}_u$ 之前的时间参数。句子 φ 的使用意义 ‖φ‖ 把 φ 的任一特定话语情境 u 和 φ 所描述情境 s 联系起来：

u‖φ‖s 当且仅当 [u：U] 并且 [Su（φ）⊆s] 并且 [s：E]

其中，u：U 表示某一具体话语情境 u 属于抽象的话语情境类型 U；Su（φ）⊆s 表示话语情境 u 中 φ 所描述的情境被包含在不考虑话语情境 u 时 φ 所描述的情境 s 中；s：E 表示描述情境 s 属于描述情境类型 E（参见本章第四节）。

3. 意义研究水平的提高

情境语义学在意义研究内容方面的创新，自然而然地带来了研究水平的提高。这种提高主要表现在它综合概括了既有的研究成果，并在许多方面弥补了以往研究的不足。

首先，情境语义学既探讨语词（语句）的抽象意义，也研究语词（语句）的使用意义。这二者的有机结合，避免了指称论孤立静止地讨论语词意义而忽略语词之使用意义的不足，同时也避免了功用论仅探讨语言的语境意义而忽略语词或语句本身所固有意义的不足。语词（语句）的抽象意义和使用意义显然都是意义研究的有机组成部分，二者不能割裂。片面强调一个而忽略另一个，都会导致意义研究的不完善。

其次，通过对"情境"概念的研究和使用，情境语义学综合概括了指称论、功用论、行为论等关于意义研究的既有成果，并有了新的发展。在情境语义学看来，与语言意义相关的要素包括话语情境、言者链接、来源情境以及描述情境等，其中，话语情境、言者链接、来源情境都被用来确定语言表达式的指称。这种确定与指称论的不同之处在于，它是在语词的具体使用中，即在特定的时空条件下，语言表达式的使用主体对语词所指的确定。这种确定并非一成不变的，相反它随着话语情境、言者链接和来源情境的变化而变化，不同的话语情境、言者链接和来源情境都可能导致语词所指对象的变化。

行为论强调语言的效果，这一思想通过情境概念也得到了体现。包括谈话情境和言者链接的情境——所指情境后来被称为嵌入情境，它一方面反映了说话者的意图，说话者通过某个语词（语句）的使用旨在传递某个信息，另一方面还强调了语言可能产生的效果，它把语言所导致的听者行为变化作为意义的一部分体现出来。这样，情境语义学的意义理论实际上还涵盖了行为论的思想。但是，因为注意到了说话者的主观意图，情境语义学对语言效果的强调与行为论的纯粹的刺激—反应模式是根本不同的。

功用论认为，语言的意义在于语言的使用。但语言的使用是一个非常含糊的概念，把它作为意义的定义实际是有缺陷的。情境语义学通过对话语情境、言者链接、来源情境的考察，揭示出影响、制约、决定语言的意义的各个要素，阐明了这些要素与语言的意义之间的关联，并通过这些要素的变化展现和反映了语言的意义的变化，这是对功用论思想的进一步发展，是对意义的语用研究的深化。

情境语义学还揭示了观念论和语义论的不合理之处。观念论把语言表达式的外在意义推到了思想内部，忽略了语言所产生的效果，情境语义学对嵌入情境的研究恰好弥补了这一缺陷；就语义论来说，它对意义的研究是不全面的，意义与真虽然相关但毕竟不同。下面我们将详细探讨这一问题。

三 情境语义学对"意义"与"真"之关系的进一步阐释

"意义"与"真"的关系问题是意义研究中备受关注的一个问题，许多著名的哲学家和逻辑学家，包括弗雷格、维特根斯坦、卡尔那普等都试图从真值角度出发来阐释语句的意义。维特根斯坦指出："知道一个句子的意义就是知道如果它是真的情况是怎样的。"卡尔那普认为，"知道一个句子的意义就是知道它会在哪种可能的情况下是真的，它会在哪种可能的情况下是假的。"① 戴维森从塔尔斯基的约定 T（"S"是真的当且仅当 P）出发提出自身的意义理论。他说："没有必要掩饰塔尔斯基已表明其构造方式的那种真理定义与意义概念之间的明显的联系。这种联系就是：那种定义通过对每个语句的真实性给出充分必要条件而起作用。知道一种语言的关于真理的语义学概念，便是知道一个语句（任何一个语句）为真是怎么回事，而这就等于理解了这种语言。"② 在这一思想的导引下，戴维森通过一系列的分析，最终将塔尔斯基的约定 T 转换为关于意义的 T 等式"S 意味着 P"，建立了意义理论和真理论之间的关系：如果我们愿意的话，可以把"……是真的，当且仅当……"理解为"……的意思是……"③ 这样，知道了"雪是白的"为真的条件也就等于知道了"雪是白的"的意义。

然而，必须指出，意义和真并不等同。如果为"真"可以算是语句的一种意义的话，它也只是意义的一种表现形式而已。正如巴威斯和佩里所说，"真对于语言的理解虽然很重要，但语言意义理论比话

---

① 徐友渔、周国平、陈嘉映、尚杰：《语言与哲学——当代英美与德法传统比较研究》，三联书店 1996 年版，第 80 页。

② D. 戴维森：《真理与意义》，载牟博编译《真理、意义、行动与事件——戴维森哲学文选》，商务印书馆 1993 年版，第 10 页。

③ 参见徐烈炯《语义论》，语文出版社 1995 年版，第 56 页。

语的真值条件的解释要丰富得多"。① 对自然语言来说，其语义理论的研究应该包括六个方面，分别是：语言的外在意义、语言的丰富性、语言的效应、语言视角的相对性、语言的歧义性以及语言的心理意义。② 单纯从真值条件的角度对意义进行说明解释，或者将真值条件理论简单地转换为意义理论，导致的结果是不能正确地阐释意义和真的关系。

在情境语义学看来，一个语言表达式的"意义"与"真"之间有关联，但其间的关联不是直接的。"意义"与"真"之间的关联必须通过"解释"这个中介才能建立起来。意义、解释、真三者之间的关系如下：

首先，话语的意义在一定程度上决定着话语的解释，但话语的解释并不完全依赖于话语的意义。一个语义确定的表达，在不同的时间、地点、条件下被不同的人说出，可能产生完全不同的解释，这就产生语言的效应问题。例如，在一场争论中甲和乙都分别说"你是错的，我是对的"，甲乙所言语义完全相同，但解释却恰好相反，因为其中的"你"和"我"都有不同的所指。由此，一个话语的解释不仅依赖表达式的意义（抽象意义、语言学意义），而且依赖与话语相关的情境——相关情境不同，话语的使用意义就不同，对话语的解释也就不同。

其次，话语的解释是否与客观事实相符，决定着话语是否为真。例如，当我说"小张回家了"，这句话的抽象意义是相关话语情境类型与描述情境类型之间的关联，使用意义是相关话语情境与描述情境之间的关联。话语的使用意义以及与话语相关的各种事实（如我是谁，我正在与谁交谈，在情境语义学中通过话语情境、言者链接等要素得到刻画）决定着"小张"、"家"等语词的所指，从而决定着"小张回家了"这句话的解释；而相关解释是否与事实（即小张的行为）

---

① Jon Barwise&John Perry, *situations and attitudes*, CSLI Publications, 1999，p. 19.

② Ibid. , p. 28.

相符，决定着话语是否为真。

巴威斯等在说谎者悖论的研究中进一步明确地刻画了话语所表达命题的真，本书第三章提及的奥斯汀型命题的"真"是其相关思想的反映。与罗素型命题（代表经典命题观）的"真"不同，一个奥斯汀型命题为"真"当且仅当话语所指示的情境属于相关情境类型。尽管巴威斯等没有明确指认话语所指示的情境是哪一种类型的情境，但据其对"意义"、"解释"和"真"的分析可以看出，所谓的指示情境一定是描述情境。也就是说，只有当话语所描述的情境属于相关情境类型时，话语所表达的命题才为真。这样，如果在话语所描述的情境 s 中有关"小张回家了"的解释成立，则我的话语"小张回家了"为真否则为假。但是，由于句子"小张回家了"的解释又依赖于相关话语情境和言者链接，所以从根本上说，话语情境和言者链接、描述情境等都与话语的"真"密切相关。也正因为如此，意义本身并不能决定话语的真假。只有在了解语言意义的基础上，借助话语的解释以及与话语相关的事实，才能判定话语的真假；反之，如果不了解语言的意义，不了解话语的解释，就无法了解话语为真的条件。

著名语言哲学家 J. R. 塞尔在评价戴维森的意义理论时指出，"任何一种意义理论都必须不仅说明讲话者通过其话语表达的是什么，还必须说明讲话者是如何表达它们的，讲话者是在什么样的精神状态下表达真值条件的"，"任何无法说明这种情况的理论，都称不上是一种意义理论"。[①] 塞尔的这段话表明，仅仅通过抽象地谈及真值条件来说明语句之意义的理论，从根本上讲都称不上是"意义理论"。依此标准来衡量，情境语义学的意义理论与语义论有实质性的差异。

塞尔曾对格赖斯对"意义"概念的理解做过这样的评价："格赖斯认为，说 A 通过 X 意谓某种东西就是说'A 试图通过听众对他意向的领会使说出的 X 在听众中产生某种效果'。在我看来，这对意义的

---

① J. R. 塞尔：《当代美国哲学》，崔树义摘译，《哲学译丛》2001 年第 2 期，第 9 页。

分析是一个有益的开端。"① 以塞尔的观点为据，可知情境语义学对意义的研究也具备一个良好的开端。情境语义学借助"情境"概念，从语用角度对自然语言意义问题的深入研究和细致刻画，避免了语义论的缺陷，使得人们可以超越"真"的视野，从意义的本真状态来研究"意义"问题；而且，还综合概括并弥补了指称论、观念论和功用论等理论的不足，深化了意义的语用研究，提高了意义研究的水平。这种意义理论的提出，为借助"情境"来刻画语句所表达命题，为命题真值的动态刻画，从而为以说谎者悖论为代表的语义悖论问题的解决，提供了先决条件并奠定了坚实的基础。

第六节　情境语义学与语用学

由于引入了"情境"概念来探讨意义问题，情境语义学所讲的"意义"已不再单纯地属于语义学的研究范围，而在很大程度上涉及语用的研究。本节主要从学说界定和研究内容两个角度入手分析情境语义学与语用学的共性。

一　学说界定的共同性

语用学这门学科产生的时间很短，1938 年美国哲学家莫里斯（C. W. Morris）首次明确提出"语用学"这个概念，1977 年《语用学杂志》（*Journal of Pragmatics*）的出版发行标志着语用学成为一门独立的学科。此前，即使提到语用学，人们也只把它当做一只使用方便的废物箱，凡不符合理论的令人恼火的事实都可丢入其中。盖兹达（Gazdar）1979 年指出，"假定语义学被限定在陈述真值条件，语用学就是这样一种话题，它研究不直接涉及说出的句子的真值条件的那些

---

① J. R. 塞尔：《什么是言语行为》，载 A. P. 马蒂尼奇编《语言哲学》，商务印书馆 1998 年版，第 236 页。

话语的意义的各方面。粗略地说，即是：语用学＝意义－真值条件。"
列文森（Stephen C. Levinson）1983 年指出，"语用学是对未被纳入
语义理论的所有那些意义方面的研究"，① 诸如此类的认识都是对语用
学产生历史的真实写照。

　　之所以会出现如上界定，一个很重要的原因是语用学涉及的问题
太多太广，人们很难把相关内容都包含进去。实际上，对于什么是语
用学这个问题，学界至今仍未取得一致见解。以下是几个代表性
观点：

　　（1）"语用学是对话语怎样在情境中获得意义的研究。"②

　　（2）"语用学研究的是说话者（或写作者）所传递的以及听话者
（或读者）所理解的意义。"③

　　（3）"语用学研究是在一定的上下文里语言的使用，包括所产生
的字面意义和蕴涵意义，以及可能产生的效果的学科。"④

　　上面所列举的语用学定义的一个共同特征在于揭示了语用学与语
言使用者的相关性。作为一种意义理论，情境语义学也具有这样的
特征。

　　情境语义学研究的中心是情境中的意义问题。所谓情境，指由主
体选择或区分的有结构的现实世界的一部分。情境的一个重要特征是
与认知主体的相关性，情境必须是由主体挑选出来的或主体能够区分
的客观世界的一部分。在整个世界中，究竟什么能够组成一个情境，
什么不能组成一个情境，与认知主体密切相关。显然，面对同一事
件，不同的人可能会选择不同的情境进行认知，作出不同的描述并传
递不同的信息。

　　情境与主体的相关性使得情境语义学对自然语言的意义问题的描
述不可避免地与语言的使用者联系起来。在情境语义学看来，自然语

---

① 索振羽编著：《语用学教程》，北京大学出版社 2000 年版，第 12 页。

② G. Leech, *Principles of Pragmatics*, Longman, 1983, p. x.

③ G. Yule, *Pragmatics*, Oxford University Press, 1996, p. 3.

④ 《中国大百科全书》（语言文字卷），中国大百科全书出版社 1988 年版，
第 135 页。

言表达式的意义与话语情境、言者链接、来源情境、描述情境密切相关，而无论话语情境、言者链接还是来源情境乃至描述情境的确定都与认知主体密切相关：话语情境的重要组成部分是话语的说出者和接收者；言者链接的提出，目的在于刻画说话者的所指；来源情境旨在补充说明说话者的所指，以使听话者能够正确地理解和把握说话者的意图；话语情境、言者链接或来源情境都在一定程度上影响并决定着描述情境的内容。总之，就涉及语言的使用者这一特征而言，情境语义学与语用学并无二致。

　　以定义（1）和（3）为例进行具体分析，则会在情境语义学与语用学之间发现更多共同之处。定义（1）直接指出"语用学是对话语怎样在情境中获得意义的研究"，这与情境语义学对意义的研究宗旨完全相同——情境语义学正是结合"情境"这个概念来考察语言表达式的意义的。定义（1）的提出者利奇还曾专门讨论过"话语情境"这个概念。他说，"话语情境包括：话语本身 U、话语的说话人/写话人 S、话语的听话人/读话人 H、言语行为 A。还可进一步包括：话语的地点、话语的时间。"① 可以看出，利奇对话语情境的界定与情境语义学的认识基本相同。定义（3）特别强调了语用学要研究语言的使用可能产生的效果。情境语义学中从所指情境衍化来的嵌入情境，描述的正是话语可能产生的效果，如当我对刘立说"我很冷"，刘立就把窗户关上了。"刘立关上窗户"就属情境语义学中的"嵌入情境"所描述的内容，也是语用学所强调的"话语的使用可能产生的效果"。总之，从学说界定的角度来看，情境语义学与语用学具有很多共同之处。

二　研究内容的共同性

　　20 世纪 80 至 90 年代，列文森、利奇、托马斯等对语用学的研究

---

　　① 杰弗里 N. 利奇：《语义学》，李瑞华、王彤福、杨自俭、穆国豪译，上海外语教育出版社 1987 年版，第 463 页。

对象和内容做了进一步的阐释和分析，使得语用学这门学科更加丰富和完善起来，语境、指示词语、会话含义、预设、言语行为、合作原则、跨文化语用研究等都成为语用学的研究课题。无论语用学涉及的课题有多么宽泛，意义和语境问题都是语用学研究的核心课题。与之相似但略有不同，情境语义学把"意义"和"情境"这两个概念作为研究的重点。语用学所说的"意义"与情境语义学中的"意义"有无共同之处？"情境"和"语境"关系如何？下面我们试着回答这些问题。

1. 对意义认识的共同性

语用学对意义的研究不同于语义学，它侧重的是语言的使用意义，因而对话语被表达的时间、地点、说话者的意图等因素十分关注。正如利奇所说，语义学对意义的研究是"双价的"，即 X 意指 Y；而语用学对意义的研究是"三价的"，即说话人通过使用 X 意指 Y。①

情境语义学对意义的讨论明显也是"三价的"，它充分考虑了话语主体与话语意义间的关联。在情境语义学中，影响并决定语言意义的要素，无论是话语情境、言者链接、来源情境还是描述情境都与话语主体密切相关。如果用利奇提出的关于对意义的某种讨论是否属于语用学范围的标准来衡量，我们可以更清楚地看到这一点。利奇所说的标准有：②

①是否考虑了发话人或受话人，或（在不考虑说/写区别的情况下我宁可称他们为）言者或听者；

②是否考虑了言者的意图或听者的解释；

③是否考虑了语境；

④是否考虑了通过使用语言或依靠使用语言而施行的那种行

① 何兆熊主编：《新编语用学教程》，上海外语教育出版社 2000 年版，第 11～12 页。

② 杰弗里·N. 利奇：《语义学》，李瑞华、王彤福、杨自俭、穆国豪译，上海外语教育出版社 1987 年版，第 455 页。

为或行动。

利奇指出，如果对这些问题的回答有一个或一个以上是肯定的，就有理由认为我们是在讨论语用学。而情境语义学对上述四个问题的回答都是肯定的，这充分说明情境语义学对意义的讨论属于语用学的范畴。

2. 情境与语境的关联

"语境"这个概念是由波兰人类语言学家马林诺夫斯基（B. Mali-nowski）于1923年提出的。他把语境分为文化语境（context of culture）和情境语境（context of situation），指出对语言的理解不能脱离语境。据马林诺夫斯基对语境的分类可见，语境概念在最初被提出时，就与情境有着密切的关联。

语境概念的提出受到了学者们的普遍关注，不少学者对它进行了深入研究。然而，究竟什么是语境，语境由哪些要素构成，这些问题直到今天仍未在学界达成共识。对语境概念的狭义理解（指语言的上下文），人们之间似乎并无多大分歧，争论的焦点集中在广义的语境涉及哪些要素。正如下面我们将要看到的，无论对"语境"概念做怎样的定义，"语境"概念所涉及的许多因素也正是情境语义学中的"情境"概念所要研究的。

（1）观点一：构成语境的基本要素是"六何"：①

A. "何故"：指说或写的目的或意图；

B. "何事"：指说或写的内容；

C. "何人"：指写说者和读听者的关系；

D. "何地"：指话语被表达的地点；

E. "何时"：指说话的时间；

F. "何如"：指怎样进行说和写。

---

① 索振羽编著：《语用学教程》，北京大学出版社2000年版，第21页。

（2）观点二：语境包括以下几个组成部分：①

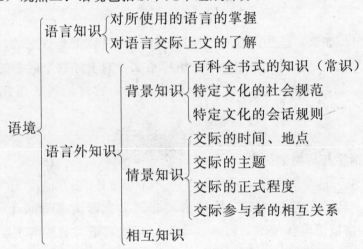

（3）观点三：语用语境可分为 Co、Cs、C_H、C_{SH} 四种：

周礼全认为，包含语义语境（只解决指谓和所指谓问题）的语用语境主要有四种：客观存在的语境 Co、说话者认识的语境 Cs、听话者认识的语境 C_H 以及说话者和听话者共同认识的语境 C_{SH}。其中，客观存在的语境 Co 又包括：

A. 当前情境。包括说话的时间、地点、说话者、听话者等要素；

B. 上下文；

C. 话语涉及的事物和事态；

D. 说话者的情况；

E. 听话者的情况。②

很明显，观点一提到的语境基本构成要素"六何"中的"五何"，即"何故"、"何事"、"何人"、"何地"、"何时"，情境语义学都有所涉及。在对语言表达式的意义的考察中，情境语义学通过"话语情境"描述了时空单位、说话者和听话者，是为"何时"、"何地"、"何人"；通过"言者链接"考察了说话者的意图，是为"何故"；通过

①　何兆熊编著：《新编语用学教程》，上海外语教育出版社 2000 年版，第 21 页。

②　周礼全主编：《逻辑——正确思维和有效交际的理论》，人民出版社 1994 年版，第 389～390 页。

"描述情境"揭示了话语所描述的内容,是为"何事";观点二在语境的构成要素中,专门列出了"情景知识"这一条。这里的"情景"同"情境",只是译法不同。就"情境知识"的组成来看,"交际的时间、地点"、"交际的主题"都是情境语义学在意义的刻画中着力反映的内容;观点三对语境的认识与情境语义学对"情境"的认识有很多相同之处,"当前情境"、"话语所涉及的事物和事态"都与情境语义学的研究内容相同。

总之,从"语境"概念所涉因素的分析来看,"语境"与"情境"在研究内容上有很多共同之处。正如德福林所说,"情境"是情境语义学处理"语境"的方式,"本体论中所包括的情境能够解释各种形式的行为和交流中语境所起的重要作用……"① 在情境语义学中,语境实际上被拆分为三个要素,分别是话语情境、言者链接和来源情境。但是注意,语境并不能涵盖描述情境的内容;此外,情境语义学中的"情境"与个体、时空单位等同是本体论的成员——个体在某时某刻具有某种性质或处于某种关系中就构成了一个情境,这是情境理论与"语境"或其他环境效应理论的又一区别。

以上我们粗略地从学说界定和研究内容两个角度分析论证了情境语义学与语用学的共性。这种共性的形成,其实有着深刻的历史渊源。巴威斯和佩里在《情境与态度》的序言中就明确谈到,情境语义学的创立受到了语用学的深刻影响,奥斯汀、格赖斯、塞尔等所倡导的言语行为理论、凯斯坦那达(Castaneda)关于索引词和指示代词的研究以及奥斯汀建立在历史情境基础上的真理论都对情境语义学的创立产生了深刻的影响。这些历史渊源注定了情境语义学对意义的研究必然要涉及语用,注定了情境语义学与语用学之间必然存在许多共性。这种共性使得情境语义学对自然语言语义的刻画由静态走向动态,为说谎者命题乃至说谎者悖论的解决奠定了坚实的基础。

---

① Keith Devlin, *Information and Logic*, Cambridge University Press, 1991, pp. 69~70.

最后，应该指出，作为国际著名的逻辑学家，巴威斯等构想并创立的情境语义学，与语用学相比更带有逻辑研究的特性。巴威斯等对自然语言意义的形式化刻画、对自然语言形式系统 Aliass 的构造以及情境理论的后来发展都说明了这一点。

第三章　情境语义学解悖方案研究

20 世纪人类科学的许多不同领域，如数学、物理学、逻辑学和语言学等都面临着一个重要的难题——悖论。为了揭开悖论之谜，一大批著名的数学家、哲学家和逻辑学家包括罗素、彭加勒、塔尔斯基、克里普克等争相投入到悖论的研究中。他们从不同角度对悖论问题所进行的深刻解析，使得悖论研究高潮迭起，呈现出一片繁荣景象。人们形容说，如果从罗素给弗雷格的那封著名的信算起，把有关悖论研究的论文一页页联结起来，可以从剑桥伸展到耶拿。

尽管有如此众多的专家和学者的深入研究，悖论问题却依然悬而未决。很明显，既有解悖方案中的每一个都还存在这样或那样的缺陷，都还很难说是对悖论问题的公认正确和合理的解决。巴威斯和艾切曼迪在《说谎者：论真和循环》一书的导言中明确指出了这一点：即便对于集合论悖论而言，可以找到有效的办法，即"在通常的情境中能使通常的事务继续进行的方式"使之得到避免，但"在语义悖论研究中，……这样的状况还没有出现。""除了对它的古怪性和重要性的阐释，我们感到，关于说谎者悖论还没有给出充分的分析。因为它明显包括最基本的语义概念——真、指称、否定及其他——对这些语义概念的理解上的缺乏导致人们对语义学基础的怀疑。"①

正是基于如上认识，巴威斯和艾切曼迪决定以"真"、"指称"、

---

① Jon Barwise&John Etchemendy, *The Liar：An Essay on Truth and Circularity*, Stanford University Press，1987，pp. 3~4.

"否定"等语义概念的研究作为切入点来考察和分析说谎者悖论[①]的产生和消解。对"自我指称"的合法性以及"否定"(negation)和"否认"(denial)之间差异的认识，使得巴威斯和艾切曼迪首先并主要考察了"否定的说谎句"(如"本命题不是真的")所表达的命题及其真值，探讨了说谎者悖论产生的原因。在此基础上才又进一步分析了"否认的说谎句"(如"并非本命题是真的")所表达的命题及其真值，揭示了"否定"和"否认"的区分对于说谎者悖论研究的重要意义。

在对说谎者悖论的研究过程中，巴威斯和艾切曼迪对比分析了两种不同的解决方案，其中一种建立在经典命题观和真值观的基础上，以罗素的名字命名，被称为罗素型解释；另一种建立在奥斯汀型命题观和真值观的基础上，以言语行为理论的著名代表奥斯汀有关陈述和真的理论为出发点，被称为奥斯汀型解释。在奥斯汀型解释中，巴威斯和艾切曼迪依据巴威斯等所创立的语义工具——情境语义学，以"情境"为参量对说谎句所表达命题及其真值的刻画、对说谎者悖论的消解，与其他解悖方案相比具有鲜明的情境语义学特色，因之被称为"情境语义学解悖方案"。

与奥斯汀型解释相比，尽管罗素型解释不能令人满意，但它也绝不是"搭配兜售的"。罗素型解释对于说谎者悖论产生根源的分析，对于奥斯汀型解释之优势的彰显，对于诸如"真"、"否定"、"否认"等一些重要语义概念的认识无不具有重要的意义。因此，本章将以巴威斯和艾切曼迪对罗素型解释和奥斯汀型解释的对比分析为主线，揭示情境语义学解悖方案的基本思想。

---

① 注意，巴威斯和艾切曼迪所说的"说谎者悖论"指说谎句"λ：本命题不是真的"所引发的悖论。他们习惯把说谎句"λ_1：本命题不是真的"和"λ_2：那个命题不是真的"称为"强化的说谎句"，把其所引发的悖论称为"强化的说谎者悖论"。

第一节　研究视角的确立和
研究工具的选择

在悖论问题的探讨中，研究视角的确立和研究工具的选择无疑具有重要意义。作为悖论研究的出发点，前者反映和体现了主体对悖论问题的基本认识，影响并决定着解悖方案的选择，后者是展开悖论研究的基础和前提，是解悖方案得以建立的先决条件。

一　研究视角的确立

在说谎者悖论的研究过程中，巴威斯和艾切曼迪首先确立了研究视角，把语义概念的再研究作为切入点："悖论表明我们对某个或一组基本概念的理解在关键之处有缺陷，表明这些概念在有限的例子中坍塌了。尽管这些有限的例子对我们而言可能是奇特的或靠不住的，甚或可笑的，但这个缺陷是这些概念自身的一个特征，而不是把它推至我们面前的有限例子的特征。"① 在巴威斯和艾切曼迪看来，与说谎者悖论密切相关的语义概念主要有三个，分别是"否定"、"指称"和"真"，下面逐一进行说明。

（1）关于"否定"和"否认"

说谎句中否定词含义的理解和刻画问题是说谎者悖论研究中需要特别注意的问题。说谎句"本语句不是真的"明显包含一个否定成分，对该否定成分应该作何解释？从经典逻辑的角度看，否认（即外在否定、句子否定）和否定（内在否定、短语否定）之间并不存在差异，只要真值相同就可以进行等值替换。但是，从自然语言的角度看，否认和否定属于不同的言语行为：一个肯定句纵然包括一个否定

---

① J. Barwise&J. Etchemendy, *The Liar：An Essay on Truth and Circularity*, Oxford University Press, 1987, p. 4.

成分，也仍然是关于世界的一个主张、一个断定；而否认则意味着对某个已被提出的主张的拒斥。① 这暗示着，借助自然语言来表达自身、展开推理进而建立矛盾等价式的说谎者悖论的研究似乎应该合理区分如下两种关系："断定（某语句的否定）"与"否认该语句"。或许，在某种意义上悖论的产生正源于对否定和否认的混淆。

为避免否认和否定的歧义给说谎者悖论的分析带来影响，巴威斯和艾切曼迪明确指出：形如"本命题不是真的"这种类型的句子中所包括的否定词都应被看做"否定"；而形如"并非本命题是真的"这种类型的否定句中所包括的否定词都应被看做"否认"。由此出发，他们首先并主要考察了"否定的说谎句"（如"本命题不是真的"）所表达的命题及其真值，探讨了说谎者悖论产生的原因。在此基础上才又进一步分析了"否认的说谎句"（如"并非本命题是真的"）所表达的命题及其真值，揭示了"否定"和"否认"的区分对于说谎者悖论研究的重要意义。

（2）关于"指称"

"指称"是与说谎句密切相关的另一个重要语义概念。"本命题不是真的"中的"本命题"，是否可以"自我指称"？在巴威斯和艾切曼迪看来，指称是说话者的行为，自我指称的对象是说话者而不是句子命题或陈述，因此，他们更乐于谈论"循环"而不是"指称"。由此出发，"自我指称是否合法"的问题实际上可以转换为：循环命题是否就是病态的、有缺陷的？考虑到大多数学者的用法，本书对"循环"和"自我指称"不作严格区分。由此出发可以看到，与所有试图通过禁止自我指称来解悖的学者不同，巴威斯和艾切曼迪对如上问题作出了否定回答。在他们看来，"本命题不是真的"中的"本命题"完全可以语义自返，指称自身作为其中一部分的整个命题；同样，"那个命题不是真的"中的"那个命题"也完全可以指称任何命题（包括"本命题不是真的"）。一句话，自我指称或循环完全是合理合

---

① J. Barwise&·J. Etchemendy, *The Liar：An Essay on Truth and Circularity*, Oxford University Press, 1987，pp. 16～17.

法的，不存在任何问题。

（3）关于"真"

"真"是说谎者悖论研究中的又一个重要语义概念。要谈论和研究"真"，首先面临的问题是真值载体的选择。众所周知，真值载体问题是逻辑学家和哲学家们在研究"真"的过程中极为关注的一个问题。格雷林指出，"围绕着真理概念所产生的错综复杂的问题之所以为数众多和令人烦恼，在很大程度上是因为，一开始讨论真理问题，哲学家们就在何种东西是真值承担者这个问题上莫衷一是。"①

从历史的角度看，把语句作为真值载体得到众多学者的支持。奎因明确指出，"最好不把命题，而把语句标记或语句（如果认为它们是恒久的话）视为真或假的东西"。② 塔尔斯基也认为，把"真"这个词项用于句子是最方便妥当的，塔尔斯基的语义真理论的目标就是要为真语句提供一个实质上适当、形式上正确的刻画。奎因和塔尔斯基的论断当然是正确的，但的确存在局限性："只有在可以清楚地把关于世界的断言与每一个句子联系起来的情况下，或者在一个句子的不同用法所造成的不同断言间的变动对当时目的可以忽略不记的情况下，"③ 才能把句子作为真值载体。就说谎者悖论的研究看来，要回答"句子可否作为合适的真值载体"这一问题，需要首先确认说谎句是更类似永真句还是索引句，或者说，说谎句在不同用法下所表达的断言之间存在的差异是否可以忽略不记。在巴威斯和艾切曼迪看来，对这些问题的回答尽管还不十分明晰，但只要说谎句所表达的断言不仅仅依赖句子本身，在说谎者悖论的研究中就不应该把句子当做基本的真值载体。

命题与陈述是一对较难区分的范畴，在传统逻辑中"命题"经常

---

① A. C. 格雷林：《哲学逻辑引论》，牟博译，涂纪亮校，中国社会科学出版社 1990 年版，第 31 页。

② 奎因：《逻辑哲学》，邓生庆译，生活·读书·新知三联书店 1991 年版，第 26 页。

③ Jon Barwise & John Etchemendy, *The Liar: An Essay on Truth and Circularity*, Stanford University Press, 1987, p. 10.

被定义为"对事物情况的陈述"。从情境语义学的角度看，命题是（成功的）陈述所作出的有关世界的断言，命题与陈述在两个方面有所不同：第一，陈述在本质上比命题更精细，因为不同的说话者完全可以使用不同语句作出不同陈述而表达同一命题。例如，假设现在我对小张说"我很疲倦"，小张重复我的话对我说，"你很疲倦"。很明显，小张与我的话语使用了不同的语句，表达了不同的陈述，但却做出了相同的断言，因而表达了相同的命题，具有相同的真值。由此看来，把命题作为基本的真值承担者而把陈述看做派生或间接的真值承担者更为自然。第二，陈述可以因预设失败而缺乏真值，例如当阳台上空空如也时，某人指着阳台说"阳台上的花是红色的"，该陈述就因预设失败而缺乏真值；由于命题仅仅是预设被满足的陈述所作出的断言，所以命题必有真假而与间隙无关。由此，把命题作为基本的真值载体必然直面与"真"相关的难题而不可能像间隙论者那样通过诉诸真值间隙或以其他特设的方式来逃避悖论。

总而言之，如果泛泛而论的话，语句、陈述、命题等作为真值载体各有优劣，难以评判，但就说谎者悖论的研究来看，只有把命题当做基本的真值载体（把陈述、句子等当做间接的真值载体），才能直面说谎者悖论遇到的难题。正是基于这样的考虑，巴威斯和艾切曼迪在运用情境语义学解悖的过程中，始终把"真"看做是命题的一个基本特性，把命题作为基本的真值载体。

通过上述对"否定"、"指称"和"真"的讨论，我们不难发现这样的思想印迹，巴威斯和艾切曼迪实际上是把说谎者悖论研究的重点最终浓缩为对"真"概念的研究：对"否定的说谎句"和"否认的说谎句"的区分，对自我指称现象的认可，使得"真"概念的研究成为分析解决说谎者悖论的关键点和突破口。如上叙述之所以按照"否定——指称——真"的顺序展开，目的也在于展示其研究视角的不断深入。可以说，从与说谎者悖论密切相关的"真"、"否定"和"指称"概念入手，到把"真"概念最后确立为研究的核心和重点，巴威斯和艾切曼迪对说谎者悖论的研究视角的确立，明确了说谎者悖论的研究方向，为说谎者悖论问题的分析和解决奠定了基础。

二 研究工具的选择

巴威斯和艾切曼迪在说谎者悖论的研究中主要使用了两个工具，一个是源自情境语义学的"情境"概念，另一个是英国数学家阿泽尔近年提出的 ZFC/AFA 集合论。

引入"情境"概念的目的在于通过情境的部分性特征更好地刻画语句所表达命题及其真值。在巴威斯和艾切曼迪看来，可能世界语义学对于命题的表达过于粗糙，以相同集合来表达逻辑上等价命题的方式无法合理地表达循环命题，无法区分命题的否定和命题的假；以可能世界作为参照，不能准确地反映命题真值变动及其变动的根源。说谎者悖论的罗素型解释以现实世界取代了可能世界，在刻画语句所表达命题方面有所改善（如能够区分命题的否定和命题的否认），但对命题真值的描述并没有取得什么实质性突破。与可能世界和现实世界相比，"情境"所具有的突出优势是具有部分性。借助它不仅能够揭示语句与其所表达命题（断言）之间的差异，而且能够反映出相关情境变化所导致的命题真值变动，这从根本上克服了以可能世界或现实世界为参照来刻画命题及其真值的不足，为准确地揭示说谎句所表达命题及其真值的变动提供了可能。

之所以选择阿泽尔所提出的 ZFC/AFA 集合论作为刻画情境、命题、事实的工具，原因在于 ZFC 集合论理论无法描述循环现象而说谎者悖论问题又与循环命题密切相关。如前所述，在说谎者悖论的研究中，巴威斯和艾切曼迪承认自我指称命题或者循环命题的合法性。既然命题可以是循环的，采用排除循环现象（非良构集）的 ZFC 集合论框架进行刻画显然不再合适。针对 ZFC 通过基础公理对集合进行限制、禁止集合成为自身成员的做法，阿泽尔的集合论理论 ZFC/AFA 以反基础公理替代 ZFC 中的基础公理，允许集合的不断累积，允许由循环对象构成的类的存在，因此借助这一理论人们可以使用所有熟知的集合论技巧来刻画循环现象。由于 Aczel 的集合论理论涉及的技术细节较多，略去不谈。但须切记，这里使用的集合论工具已不再是不能刻画循环现象的古典的集合论理论。

第二节　罗素型命题与奥斯汀型命题

把命题作为真值载体的选择迫使巴威斯和艾切曼迪对命题进行更为深入的考察。这里产生了两个问题：第一，命题的本质是什么？命题仅是语句的内容，还是应该包括其他组成部分？第二，命题和语句间的关系是什么？换句话说，给定一个语句，如何确定这个语句所表达的命题？对这些问题的不同回答，形成了两种不同的命题观。巴威斯和艾切曼迪分别以罗素和奥斯汀的名字命名之，称为罗素型命题和奥斯汀型命题。

需要说明的是，罗素型命题代表和反映的是一种相当正统的命题观，可以称为经典的命题观；而奥斯汀型命题已经融入了情境语义学关于意义的基本思想，对于语句所表达的命题具有不同的认识。本节首先介绍巴威斯和艾切曼迪对罗素型命题和奥斯汀型命题的刻画，然后讨论罗素型命题和奥斯汀型命题之间存在的差异。

一　形式语言 L

为刻画罗素型命题和奥斯汀型命题，巴威斯和艾切曼迪首先构造了形式语言 L。形式语言 L 内容如下：

1. 初始符号

（1）常项符号：克莱尔，曼克斯，梅花 2、梅花 3，…红桃 K、红桃 A。①

---

① 形式语言 L 之所以包含这些常项，目的是讨论与之相关的语句是否构成悖论。鉴于说谎句"本命题不是真的"的代表性和重要意义，我们只集中讨论这种类型的句子。

（2）（命题）指示词：this，that$_1$，that$_2$，…。

（3）2—元关系符：有。

（4）2—元关系符：相信。

（5）1—元关系符：真。

（6）逻辑联结词：∧，∨，¬。

（7）辖域符：↓。

2. 原子公式

（1）（a 有 c）形式的原子公式，其中 a 表示曼克斯或克莱尔这两个名称之一，c 是一张扑克牌的名称。

（2）（a 相信 th）形式的原子公式，其中 th 表示命题指示词。

（3）真（th）形式的原子公式。

3. L—公式的类是包括上述原子公式的最小聚合，基于下述形成规则封闭

（1）若 φ 和 ψ 都是公式，则 φ∧ψ、φ∨ψ、φ¬φ 都是公式。

（2）若 φ 是公式，则（真 φ）和（a 相信 φ）是公式。其中 a 是曼克斯或克莱尔。

（3）若 φ 是公式，则 ↓φ 是公式。

注意，引入辖域符 ↓ 的目的在于明确命题指示词 this 的所指。如前所述，命题指示词 that 可以指称任意命题，而 this 是语义自返的，指称它出现的句子所表达的命题。问题是，即便在语义自返的约定下，this 的指称也可能是有歧义性的。例如：

（3.1）或者曼克斯有梅花 3，或者本命题是真的。

显然，（3.1）中的"本命题"可以做两种不同理解：指称整个命题或仅指称第二个析取支所表达的命题。运用辖域符 ↓ 可以清楚地揭示其间的差异：

（3.2）↓（曼克斯 有 梅花 3）∨ 真（this）

（3.3）（曼克斯 有 梅花 3）∨ ↓ 真（this）

通常也可以把位于句子最外层的辖域符省略，因此（3.2）也可以记作：

（3.4）（曼克斯 有 梅花 3）∨ 真（this）

显然，辖域符↓与标明摹状词不同用法的记号的功能非常类似。在摹状词的研究中，为了区分摹状词的"初现"（primary occurence）和"再现"（secondary occurence），罗素曾经引入了两种不同的记法，用 $[\iota x\varphi(x)]\{\neg\Psi[\iota x\varphi(x)]\}$ 表示摹状词在其中有"初现"，用$\neg$ $[\iota x\varphi(x)]\{\Psi[\iota x\varphi(x)]\}$ 摹状词在其中有"再现"。虽然辖域符↓反映的是指示词 this 的所指范围，而摹状词记法反映的是摹状词的辖域，但二者的作用显然非常类似。

二　罗素型命题

以罗素的名字命名罗素型命题，并不意味着罗素对于命题具有什么特别独到的认识，而是由于有关真命题和假命题的问题是罗素奋斗终生致力研究的问题。事实上，罗素型命题代表着一种相当正统和经典的观点：语句表达命题，命题对现实世界作出断言，命题为真仅当它与现实世界相符。

1. 对罗素型命题的刻画

为揭示和反映罗素型命题观，巴威斯和艾切曼迪首先定义了一个命题类 PrePROP。令 PrePROP 为最大类，使得若 p∈ PrePROP，则 p 是下列形式之一：

（1）[a有c] 或 $\overline{[a有c]}$，其中，a是克莱尔或曼克斯，c是一张扑克牌；

（2）[a相信P] 或者 $\overline{[a相信P]}$，其中，a是克莱尔或曼克斯，p∈ PrePROP；

（3）［Tr p］或者$\overline{[\text{Tr p}]}$，其中，p∈PrePROP；

（4）［∧X］或者［∨X］，其中，X是PrePROP的一个子集。

这里有三点需要说明。第一，在PrePROP中，命题借助"句型"（［］表示句型）来表述。巴威斯等指出，"a有c"这个命题所反映的"事态"可以通过<命题，有，a，c，1>的方式来表述，为避免一些不相干问题的搅扰，直接采用<a有c>的方式表述更好。这样，"a有c"这个命题就可表达为［<a有c>］，为增加清晰性，可进一步简化为［a有c］。对其他命题做类似处理。

第二，PrePROP中包含着循环命题。例如，说谎者命题"本命题是假的"，即f＝［Fa f］存在于其中。为与后面将要提到的奥斯汀型说谎者命题相对照，巴威斯和艾切曼迪称之为"罗素型说谎者命题"。PrePROP中还包括说谎者循环，如p_1＝［Tr p_2］，p_2＝［Tr p_3］，…，p_n＝［Tr q］，q＝［Fa p_1］。显然，这些自指或循环命题的存在与罗素本人对命题的见解不相吻合（罗素的恶性循环原则禁止自我指称），这是谈到罗素型命题时应该注意的一个问题。

第三，与Gazdar有关潜预设（pre-supposition）的看法非常类似，PrePROP中还包含一些特殊命题，它们具有命题的形式但却因不能作出实在性断言而不具有原子命题的资质，因而被称为"潜—命题"（pre-proposition）。例如，p＝［a有 梅花 3］∨p和它的否定命题q＝$\overline{[\text{a有 梅花 3}]}$∧q（q＝$\overline{\text{p}}$）就是这样的命题，它们只是形式语言的产物，在自然语言中并不存在类似的对应物：从语法的角度看像句子，但表达的命题却完全等同于以它为要素的整个句子所表达的命题。由于不能对现实世界作出实在性断言，这类命题不能成为原子命题，必须在罗素型命题类中加以排除。PROP是基于这一认识给出的命题类：

（1）若集合X（X⊆PrePROP）不包含原子命题，且X中每一元素的直接组成部分又是X的元素，则集合X是非实在的。

（2）若命题p是某个非实在命题集的元素，则命题p是非实在的。否则，p是实在的。

（3）命题类 PROP 是 PrePROP 的最大子类，使得：若 p∈
PROP 则 p 是实在的，并且 p 的每个直接组成部分都在 PROP 中。

PROP 中所包含的命题即为罗素型命题。显然，罗素型命题是可
以循环的，但必须是实在的。换句话说，PROP 并未排除所有的循环
命题，说谎者命题和说谎者循环都被包括在其中。

2. 句子与罗素型命题的关系

刻画句子和罗素型命题之间的关系，实质上就是要给出形式语言
L 的语义解释，也就是要表明包括循环命题的罗素型命题如何给形式
语言 L 中的句子进行语义赋值。对形式语言 L 的语义解释分两步进行：
第一步，定义函数 Val，目的是给 L 中的每一公式指派一个命题函数；第
二步，定义函数 Exp，以确定 φ 在语境 c 中所表达命题 Exp（φ, c）。

从直观上看，φ（this）句所表达命题 p 将是 this 所指称命题 q 的
函数：p＝Fφ（q）。例如，语句"或者张三去北京了，或者本命题不
是真的"所表达命题即为"本命题"所指称命题的函数。显然，如果
"本命题"的指称不同，整个语句所表达的命题就会不同。由此出发，
定义函数 Val 如下：

（1）Val（a 有 c）＝［a 有 c］

（2）Val（a 相信 that$_i$）＝［a 相信 q$_i$］

（3）Val（a 相信 this）＝［a 相信 p］

（4）Val（a 相信 φ）＝［a 相信 Val（φ）］

（5）Val（真 that$_i$）＝［真 q$_i$］

（6）Val（真 this）＝［真 p］

（7）Val（真 φ）＝［真 Val（φ）］

（8）Val（$\varphi_1 \wedge \varphi_2$）＝［$\wedge$ ｛Val（φ_1），Val（φ_2）｝］

　　　Val（$\varphi_1 \vee \varphi_2$）＝［$\vee$ ｛Val（φ_1），Val（φ_2）｝］

（9）Val（$\neg \varphi$）＝$\overline{［Val（\varphi）］}$

（10）Val（$\downarrow \varphi$）＝p∈ ParPROP，p 是方程 p＝Val（φ）（p，

q_1，…）的唯一解

对于上述定义中的句子所表达的命题，可以进一步分三种情况展开讨论：第一种，不包括语境敏感成分的句子 φ，如"曼克斯有梅花3"。对于这类句子而言，由于其所表达的命题完全由自身决定，因此 Val（φ）直接表达一个命题，记作 Exp（φ）。

第二种，只包括指示词 this 的句子 φ。如果 this 在 φ 中自由出现，那么 φ（this）表达一个含参数命题 Val（φ）。但是，如果 φ 不包含 this 的自由出现，则 Val（φ）表达唯一一个命题，记作 Exp（φ）。这意味着，不论"曼克斯有梅花3，或者本命题是真的"中的"本命题"被限定为"↓（曼克斯有梅花3）∨真（this）"还是"（曼克斯有梅花3）∨↓真（this）"，它所表达的命题都是唯一的。

第三种，以 φ（$that_1$，…，$that_n$）为代表的句子。按照罗素型命题观，包括索引词如"你"、"我"、"现在"、"那个"的句子明显受语境因素的影响，它们所表达命题必须借助语境来确定，由此，必须进一步定义函数 Exp 以确定 φ 在相应语境中所表达命题。

设 φ（$that_1$，…，$that_n$）的语境为函数 c，c 基于 φ 中所有命题指示词（$that_1$，…，$that_n$）被定义，且指派 q_1，q_2，…，q_n 为相应变元的赋值，由此，φ 在语境 c 中所表达命题 Exp（φ，c）可定义为 Val（φ）（q_1，q_2，…，q_n）。这表明在语境确定的情况下，φ（$that_1$，$that_2$，…，$that_n$）句所表达命题具有唯一性。同样，给定任一句子系列 φ_1，φ_2，…，φ_n 和该句子序列的语境 c，也必然只存在唯一一个命题序列 q_1，q_2，…，q_n 与之对应。

总之，在罗素型命题的视野中，句子都表达唯一一个命题：不涉及语境敏感成分的句子、不包括 this 的自由出现的句子直接表达一个命题；涉及语境敏感成分的句子在相应的语境中表达一个命题。可以说，罗素型命题观建立的是句子和命题的一一对应系列。说谎句"本命题不是真的"不例外，它表达了唯一一个命题 p＝[Fa p]；同样，说谎者循环"第二个命题是真的，第三个命题是真的，第一个命题不是真的"也对应于唯一一个命题序列 p_1＝[Tr p_2]、p_2＝[Tr p_3]、p_3＝[Fa p_1]。

三　奥斯汀型命题

奥斯汀型命题是以 20 世纪日常语言学派的主要代表奥斯汀的名字命名的。与罗素型命题所代表的正统或经典的命题观相比，奥斯汀型命题对命题的认识和刻画有根本的不同。但这种不同不是源于命题取值范围的差异，而表现为对命题的结构、语句与命题关系等问题认识上的差异。由于奥斯汀本人并未使用命题概念，我们先从奥斯汀型陈述说起。

奥斯汀认为，话语通过两种方式，即描述性约定（descriptive convention）和指示性约定（demonstrative convention）与世界联系起来："描述性约定把语词（＝语句）与在世界上发现的情境的类型，即事物、事件等联系起来。指示性约定把语词（＝陈述，即实际说出的语句）与在世界上展现的某些历史情境联系起来。"① 依据奥斯汀的观点，人们通过话语所做陈述 A 实际上包括两个部分：作为客观世界组成部分的真实或历史情境 s_A；表达该陈述的话语所描述情境的类型 T_A。尽管奥斯汀本人并未使用"命题"概念，但据其描述的精神实质可进一步建立奥斯汀型命题。这样，一个奥斯汀型命题也由两部分组成：由指示性约定决定的情境 s_A 以及由描述性约定决定的类型 T_A。巴威斯和艾切曼迪称第一部分为与命题相关的情境，About（A），它是现实世界的有限部分；称第二部分为命题的要素类型，Type（A），它是由与语言相关的描述性约定决定的情境的性质。

1. 对奥斯汀型命题的刻画

要刻画奥斯汀型命题，需要同时定义四个类：事态类（SOA）、情境类（SIT）、原子类型类（At TYPE）、命题类（PROP）。与罗素型命题由上到下的路线（先定义命题类 PrePROP，通过排除非实在性

---

① J. L. Ausin, "Truth", J. O. Ursom & J. G. Warnock, *Philosophical Papers*, Claredon Press, 1961, pp. 85～101.

命题，得到罗素型命题类 PROP）不同，奥斯汀型命题的刻画采取由下到上的路线。为避免非实在性命题的出现，遵循如下递归原则：X 的闭包 Γ（X）是包括 X 的最小聚合，基于下述规则封闭：若 Y⊆Γ（X）是一个集合，则［∧Y］和［∨Y］都在 Γ（X）中。

　　令 SOA、SIT、AtTYPE、PROP 为最大的类，满足：

　　（1）每个 σ∈SOA 为下列形式之一：
● <H, a, c; i>
● <Tr, p, i>
● <Bel, a, p; i>

其中，H、Tr、Bel 代表不同的原子，a 为克莱尔或曼克斯，c 是一张扑克牌；i 为 0 或 1；p∈PROP。

　　（2）每个 s∈SIT 是 SOA 的一个子集；
　　（3）每个 p∈PROP 的形式为 {s；T}，其中，s∈SIT，T∈Γ（AtTYPE）；
　　（4）每个 T∈AtTYPE 的形式为 ［σ］，其中，σ∈SOA。

　　在上述定义中，TYPE 为 Γ（AtTYPE）的闭包；情境 s 被看做 SOA 的一个子集，原因在于在情境语义学中情境被描述为"个体在某时某地具有某种性质或具有某种关系"，而且通常一个事态可能涉及多个情境；［σ］表示由事态 σ 决定的情境类型；一个奥斯汀型命题 p 由情境 s 和类型 T 决定，记作 p= {s，T} 或 p= {s；［σ］} 或 p= {About（p）；Type（p）}。

　　奥斯汀型命题类中同样没有排除所有的循环命题。按照奥斯汀型命题，如果给定情境 s 和说谎句"λ：本命题不是真的"，则它表达唯一一个命题 fs= {s；［Tr, fs；0］}。与之类似，说谎者循环"p_2 是真的，p_3 是真的，p_1 不是真的"所表达命题一般可记作 p_1= {s_1；［Tr, p_2；1］}、p_2= {s_2；［Tr, p_3；1］}、p_3= {s_3；［Tr, p_1；0］}。

2. 句子与奥斯汀型命题的关系

刻画句子和奥斯汀命题之间的关系，实质是给出形式语言 L 的语义解释，也就是要表明包括循环命题的奥斯汀型命题如何给形式语言 L 的句子进行语义赋值。对形式语言 L 的语义解释与罗素型命题的处理类似，也分两步进行：第一步，定义函数 Val，目的是给 L 中的每一公式指派一个命题函数；第二步，定义函数 Exp，以确定 φ 在语境 c_s 中所表达命题 Exp（φ，c_s）。

按照奥斯汀型命题观，句子所表达命题包含两个部分 $\{s；[T]\}$；如前所述，包含指示词的句子所表达的命题是指示词所指称命题的函数；由此，可定义命题函数 Val 如下：

（1）若 φ 是（a 有 c），则 Val（φ）＝$\{s；[有，a，c；1]\}$

（2）若 φ 是（a 相信 that$_i$），则 Val（φ）＝$\{s；[相信，a，q_i；1]\}$

（3）若 φ 是（a 相信 this），则 Val（φ）＝$\{s；[相信，a，p；1]\}$

（4）若 φ 是（a 相信 Ψ）且 Val（Ψ）＝q，则 Val（Ψ）＝$\{s；[相信，a，q；1]\}$

（5）若 φ 是（真 that$_i$），则 Val（φ）＝$\{s；[Tr，q_i；1]\}$

（6）若 φ 是（真 this），则 Val（φ）＝$\{s；[Tr，p；1]\}$

（7）若 φ 是（真 Ψ）且 Val（Ψ）＝q，则 Val（Ψ）＝$\{s；[Tr，q；1]\}$

（8）若 φ 是（$\Psi_1 \wedge \Psi_2$）且 Type $[Val（\Psi_i）]＝T_i$，则 Val（φ）＝$\{s；\wedge[T_1，T_2]\}$；

如果 φ 是（$\Psi_1 \vee \Psi_2$）且 Type $[Val（\Psi_i）]＝T_i$，则 Val（φ）＝$\{s；\vee[T_1，T_2]\}$

（9）若 φ 是 $\neg\Psi$ 且 Type $[Val（\Psi）]＝T$，则 Val（Ψ）＝$(s；\overline{T})$

（10）若 φ 是 $\downarrow\Psi$，则 Val（φ）＝$p\in ParPROP$，p 是方程 p＝

Val（Ψ）（p，q₁，…）的唯一解

为便于对照，这里也把上述定义中的句子所表达的命题分三种情况展开讨论：

第一种，从罗素型命题的角度看不包括语境敏感成分的句子 φ，如"曼克斯有梅花 3"。按照奥斯汀型命题观，句子所表达命题总与情境相关，因此这类句子所表达的命题也是不确定的，其中含有情境参数 s。

第二种，只包括指示词 this 的句子 φ。从罗素型命题的角度看，如果 φ 不包含 this 的自由出现，则 φ 表达唯一一个命题；按照奥斯汀型命题观，即便 φ 不包含 this 的自由出现，φ 所表达命题仍然不确定，其中同样含有情境参数 s。

第三种，以 φ（that₁，…，thatₙ）为代表的句子。根据罗素型命题观，仅仅依靠语境 c 就可以确定 Val（φ）所表达命题；而据奥斯汀型命题观，必须借助语境 cₛ 才能确定 Val（φ）所表达命题。显然，语境 cₛ 由 φ 相关的情境 s 和 φ 所包括的除 this 外的其他指示词被定义的语境 c 两个部分组成。定义函数 Exp 目的就在于通过相关语境 cₛ 确定 φ 所表达命题 Exp（φ，cₛ）。

一般地，令 s 为参数 s 赋值，c（thatᵢ）为 qᵢ 赋值，则 φ 在 cₛ 中所表达命题可定义为：Exp（φ，cₛ）＝Val（φ）（s，c）。这意味着，在语境 cₛ 被确定的情况下，句子 φ（that₁，…，thatₙ）将表达唯一一个命题。换句话说，对句子 φ（that₁，…，thatₙ）及其语境 cₛ 而言，φ 在命题类 PROP 中表达唯一一个命题 Exp（φ，cₛ）。

显然，对第一种和第二种类型的句子而言，奥斯汀语境 cₛ 蜕化为 s。如果令 s 为参数 s 赋值，则其所表达命题为 Exp（φ，s）＝Val（φ）（s）。

对说谎句"λ：本命题不是真的"而言，这意味着：在相关情境确定的情况下，λ 将表达唯一的一个命题 fs＝｛s；［Tr，fs；0］｝；在相关情境未定的情况下，λ 将表达一个命题函数 Val（λ），一个从情境到命题的命题函数。这也就是说，随着相关情境的变动，说谎

句将表达不同的命题，这一点，显然与罗素型命题观的认识有着质
的不同。

四　罗素型命题与奥斯汀型命题的比较

通过以上对罗素型命题和奥斯汀型命题的考察，可以看出二者至
少在以下两个方面有所不同：

第一，对命题的本质认识不同。罗素型命题通过语句的内容得到
表达；奥斯汀型命题由两部分组成，即 {s；T} 或 {s；[σ]}，其与
罗素型命题的根本差异在于在命题结构的表达中增加了情境要素，使
得情境要素内含于命题之中，成为命题的一个重要组成部分。

第二，对句子和命题的关系认识不同。在罗素型命题的视野中，
不包括语境敏感成分的句子表达唯一一个命题；包括索引词如"你"、
"我"、"现在"、"那个"的句子受语境因素的影响，所表达命题必须
借助语境 c 来确定。在这种情况下，只有确定语境 c，句子才表达唯
一一个命题；按照奥斯汀型命题观，任意一个句子所表达命题总与情
境相关，都必须借助情境 s 或语境 c_s 才能确定：不包括语境敏感成分
的句子所表达命题须借助相关情境 s 才能确定；包括语境敏感成分的
句子所表达命题须借助语境 c_s 才能确定。这表明，除了语境 c 之外，
奥斯汀型命题还进一步揭示出话语所指示的情境 s（即描述情境，参见
第二章第五节有关论述）对句子所表达命题的影响。在奥斯汀型命题
中，情境 s 是刻画命题的一个重要参数：一个语句表达什么样的命题总
与情境密切相关，当情境的所指发生变化时语句所表达的命题（奥斯汀
型命题）就发生相应的变化。因此，在罗素型命题视野下表达唯一确定
命题的句子，在奥斯汀型命题视野下所表达的命题并不确定和唯一。

对以上两个问题认识上的差异，使得说谎句"λ：本命题不是真
的"在罗素型命题和奥斯汀型命题视野下产生了两个不同特征：①表
达方式不同。在罗素型命题视野下，该说谎句表达的命题为 p＝[Fa
p]；在奥斯汀型命题视野下，该说谎句表达的命题为 fs＝{s；[Tr，
fs；0]}。这表明，基于罗素型命题和奥斯汀型命题对命题认识上的差

异，同样的语句将表达不同的命题。②表达不同数量的命题。按照罗素型命题，当说谎句中的 this 不是自由出现时，它将表达唯一一个命题；而根据奥斯汀型命题，即便说谎句中的 this 不是自由出现，随着相关情境的变化，它也可以表达多个命题。后面我们将会看到，情境要素看似简单但却十分关键，情境的变化对于说谎者悖论的消解起着至关重要的作用。

第三节　罗素型命题的"真"与奥斯汀型命题的"真"

在有关"真"的认识中，符合论的观点可谓历史悠久、源远流长。亚里士多德在其历史名篇《形而上学》中就明确指出"说是者为是，或说非者为非，是真的；而说是者为非，或说非者为是，是假的"。洛克、罗素、早期的维特根斯坦、奥斯汀等都是符合论的倡导者和坚持者。罗素型命题的"真"和奥斯汀命题的"真"虽同属符合论的范畴，但由于对"命题"认识上的差异，其所体现的"符合"终究具有了不同的内涵。本节首先介绍巴威斯和艾切曼迪对罗素型命题的"真"以及奥斯汀型命题的"真"的刻画，然后讨论罗素型命题的"真"和奥斯汀型命题的"真"之间存在的差异。

一　罗素型命题的"真"

亚里士多德在《范畴篇》中说，"某人的存在这一事实带来了他存在这个命题的真实性，……因为如果一个人存在，那么我们籍以断定他存在的那个命题便是真的；……这个人存在这一事实的确看来以某种方式是那个命题之所以真实的原因，因为那个命题的真假依赖于这个人是否存在的事实。"① 罗素型命题的"真"反映的大约就是这种

① 转引自涂纪亮《英美语言哲学概论》，人民出版社 1988 年版，第 234 页。

经典的符合观：命题的真假取决于命题是否与事实相符，如果命题与现实世界中的事实相符，那么命题为"真"，否则为假。由此可以说，一个罗素型命题为真，仅当存在使之为真的事实集；一个罗素型命题为假，仅当不存在使之为真的事实集。

　　由于事实通过事态表现出来，因此，要刻画事实，首先需要定义SOA 和 SIT 如下：

　　　　（1）$\sigma \in$ SOA，当且仅当，σ 是下面形式之一：

● $<$ H，a，c；i $>$

● $<$ Tr，p；i $>$

● $<$ Bel，a，p；i $>$

　　　　其中，H、Tr、Bel 分别表示不同的原子，a 是克莱尔或曼克斯，c 是一张扑克牌，$p \in$ PROP，i 为 0 或 1。

　　　　（2）$s \in$ SIT，当且仅当，s 是 SOA 的子集。

　　这里，SOA 中的所有元素都被称为"事态"（soa）；SIT 的元素，情境 s，表现为事态集。

　　为刻画罗素型命题的真，需要进一步对"真"的含义进行界定。"使之为真"关系"$|=$"是包含在 SIT×PROP 中的唯一关系，满足：

　　　　（1）$s|=$ ［a H c］，当且仅当，$<$ H，a，c；1 $>\in$ s

　　　　（2）$s|=$ ［a H $\bar{c}$］，当且仅当，$<$ H，a，c；0 $>\in$ s

　　　　（3）$s|=$ ［a Bel p］，当且仅当，$<$ Bel，a，p；1 $>\in$ s

　　　　（4）$s|=$ ［a Bel $\bar{p}$］，当且仅当，$<$ Bel，a，p；0 $>\in$ s

　　　　（5）$s|=$ ［Tr p］，当且仅当，$<$ Tr，p；1 $>\in$ s

　　　　（6）$s|=$ ［Tr $\bar{p}$］，当且仅当，$<$ Tr，p；0 $>\in$ s

　　　　（7）$s|=$ ［∧X］，当且仅当，对每一个 $p \in$ X 来说，$s|=p$

　　　　（8）$s|=$ ［∨X］，当且仅当，对某个 $p \in$ X 来说，$s|=p$

　　为刻画现实世界在决定事实进而决定命题真值中的作用，需进一步引入现实世界的模型作为参照。为确保现实世界模型的一致性，须增加一些限制条件，被限制后的现实世界模型称为弱模型。弱模型 M 定义如下：

（1）设 M 为 soa 的聚合，若存在一个集合 s⊆M 使得 s|＝p，则 M 使命题 p 为真，即 M|＝p；若 M 中不存在这样的 s，则 M 使命题 p 为假，即 M|≠p。

（2）若< Tr，p；1 >∈M，则命题 p 在 M 中为真，即真$_M$（p）；若< Tr，p；0 >∈M，则命题 p 在 M 中为假，即假$_M$（p）。

（3）若任一 soa 及其否定不同时出现在 M 中，则 soa 的聚合 M 是融贯的。

（4）世界的弱模型 M 是由 soa 组成的融贯聚合，满足：

如果真$_M$（p），那么 M|＝p。

如果假$_M$（p），那么 M|≠p。

这里有三个问题需要说明：第一，上述有关弱模型的定义反映了一些最基本的直觉：任何对象都不能既具有又不具有某一性质；除非世界使之为真，否则一个命题的真不能是事实。在这里要注意区分 M|＝p、M|≠p 及真$_M$（p）、假$_M$（p），二者的差异表现在两个方面：首先，含义不同。真$_M$（p）、假$_M$（p）分别需要语义事实< Tr，p；1 >和< Tr，p；0 >在 M 中；M|＝p 表明 M 使 p 为真，M|≠P 表明 M 不能使 p 为真。其次，真$_M$（p）和假$_M$（p）是 M|＝P、M|≠P 成立的充分条件。反过来说，M|＝P、M|≠P 是真$_M$（p）和假$_M$（p）成立的必要条件。这意味着，只有 M 使 p 为真，真$_M$（p）即 p 为真的语义事实才能在 M 中成立。

第二，罗素型命题的"真"仅涉及命题内容（与事实的符合），而下面将要谈到的奥斯汀型命题的"真"不仅涉及命题内容，而且要以相关情境（现实世界的一部分）为参照。在这个意义上，可以说罗素型命题的"真"以整个现实世界作为参照。

第三，弱模型 M 的提出具有重要意义。就说谎者命题的研究而言，除了直接关涉说谎者命题之真值的刻画外，弱模型 M 还可以使我们更有效地考察说谎者命题的真值解释所引发的结论及其合理性。

二　奥斯汀型命题的"真"

奥斯汀型命题的"真"以奥斯汀对陈述的"真"的认识为基础。在对"真"的认识上，奥斯汀的观点尽管可以归结到符合论的旗帜下，但与罗素型命题所反映的符合观之间仍存在重要差异。在奥斯汀看来，一个陈述的真假不仅仅取决于语词的意义，而且也取决于在什么情境中进行什么活动。"当通过指示性约定与一个陈述相联系的历史事态（即这个陈述所'指示'的事态）隶属于通过描述性约定与用以作出这个陈述的语句相联系的那种类型时，这个陈述便是真的"。①巴威斯等对奥斯汀型命题的"真"的刻画秉承了奥斯汀陈述"真"的精神实质，在他们看来，一个陈述 A 所表达的奥斯汀型命题真，如果 A 所指示情境 s_A 属于其所断言的情境类型 T_A。

由此出发，要刻画一个奥斯汀型命题的真，必须首先定义"属于"（OF）关系，说明"情境属于类型"意味着什么。"属于"关系（OF）被定义如下：

令 OF 为 SIT×TYPE 的唯一子类，满足：

（1）<s，[σ]>∈OF，当且仅当，σ∈s；

（2）<s，[∧X]>∈OF，当且仅当，对每一 T∈X 来说，<s，T>∈OF；

（3）<s，[∨X]>∈OF，当且仅当，对某一 T∈X 来说，<s，T>∈OF。

注意，由于情境的部分性特征，下述两种说法并不等价：s 不属于类型［有 张三 汽车；1］；s 属于类型［有 张三 汽车；0］，因为

---

① 转引自涂纪亮《英美语言哲学概论》，人民出版社 1988 年版，第 242 页。

"否定'S属于类型［有 张三 汽车；1］'"并不意味着"肯定'S属于类型［有 张三 汽车；0］'"。例如，当 S 为有李四的情境时，S 既不属于类型［有 张三 汽车；1］，也不属于类型［有 张三 汽车；0］。

从"属于"关系出发，可定义类 TRUE 为具有"属于"关系的命题构成的类，即，类 TRUE 是由 $p \in$ PROP 构成的类，其中 $p = \{s; T\}$ 使得 S 属于类型 T。这意味着所有具有"属于"关系的命题都真。因此，下列说法等价：情境 S 属于类型［σ］当且仅当 $\sigma \in s$；命题 $\{s; [\sigma]\}$ 真当且仅当 $\sigma \in s$。

为说明情境与现实世界的关联，说明命题真值与现实世界的关系，同时也为了更好地与罗素型命题的"真"进行对比研究，巴威斯和艾切曼迪进一步引入现实世界的部分模型 U。为保持融贯，同样需要对之增加一些限制条件：

（1）现实世界的部分模型 U 是 SOA 的聚合，满足：
● 任一事态和它的否定不能同时出现在 U 中。
● 如果 $<$ Tr, p；$1> \in$ U，则 p 真。
● 如果 $<$ Tr, p；$0> \in$ U，则 p 假。

（2）若情境 $s \subseteq U$，则 S 在模型 U 中是实际的；若 S 在某个模型 U 中是实际的，那么 S 是可能的。

（3）若 About (p) 在模型 U 中是实际的，则 p 在模型 U 中是可及的（accessible）。

（4）如果模型 U 不被任何其他部分模型所包含，则 U 是总体的（total）。

这里有一点需要说明。奥斯汀型命题的"真"仅需要以相关情境而不必以整个世界作为参照（当然，情境是现实世界的组成部分）。从研究说谎者悖论的角度看，对相关情境进行刻画的目的是为了研究说谎句所表达命题及其真值，而在此基础上引入模型 U 的一个重要目的是考察说谎者命题的真值刻画所引发的结论及其合理性。

三　罗素型命题的"真"与奥斯汀型命题的"真"的比较

罗素型命题的"真"与奥斯汀型命题的"真"都可被归为符合论的范畴：一个罗素型命题 p 真仅当存在使之为真的事实。这表明，罗素型命题的"真"以现实世界为参照，反映的是现实世界中的事实与命题的对应关系；一个奥斯汀型命题 p＝｛s；［σ］｝为真，当且仅当情境 s 属于类型［σ］，或者说事态 σ 属于 s。由于情境是现实世界的组成部分，因此，奥斯汀型命题的"真"也反映了命题与现实世界的对应关系。

但是，由于对"命题"认识上的差异，罗素型命题的"真"与奥斯汀型命题的"真"虽同属符合论范畴，却具有极大的不同。主要表现在：

（1）罗素型命题视野下的"真"反映的是命题与现实世界之间的静态的、相对粗糙的符合。一个罗素型命题为真仅当存在使之为真的事实集，这意味着，罗素型命题的"真"仅要求命题所描述的事态在现实世界中成立，至于（表达该命题的）话语所指示情境是否与事态吻合，则不在考虑范围。

（2）奥斯汀型命题视野下的"真"反映的是命题与现实世界之间的动态的、相对精致的符合。由于任一奥斯汀型命题 p 都由指示约定决定的情境 s 和描述约定决定的情境类型 T 两部分构成，即 p＝｛s；T｝（或 p＝｛s；［σ］｝），因此，奥斯汀型命题 p 的真实际上由两个因素决定：情境 s 和事态 σ，它需要满足两个条件：第一，命题所描述的事态在情境 s 中成立；第二，情境 s 与命题所描述事态 σ 相吻合。对任一奥斯汀型命题 p＝｛s；T｝而言，唯有上述两个条件都得到满足，才能说 s 属于 T，才能说 p 是真的。在这个意义上我们说，奥斯汀型命题视野下的"真"反映的是命题与世界之间相对精致的符合。与之相比，罗素型视野下的"真"显然只看到了第一个条件，而且对第一个条件中 s 的认识也是不清晰的。

另一方面，对任一奥斯汀型命题而言，当其内含的情境要素发生变化时，命题的真值会随之发生变化。由此，奥斯汀型命题视野下的"真"又是流动的，它反映的是命题与现实世界的动态的符合。与之相比，罗素型视野下的"真"反映的显然只是命题与现实世界的静态的符合。

由上述认识出发，至少可以得到以下四个结论：

第一，罗素型视野下的等值命题在奥斯汀型视野下未必等值，因为后者本质地含有情境要素，它要求以情境为参照来刻画命题及其真值。

第二，与对"真"的认识相对应，可以断言，罗素型命题视野下的"假"和奥斯汀型命题视野下的"假"含义不同。①一个罗素型命题为假，仅当不存在使之为真的事实集。这意味着，造成罗素型命题为假的原因是单一的，即现实世界不能使命题所描述的事态成立；②一个奥斯汀型命题 $p=\{s;\ [\sigma]\}$ 为假，仅当 s 不属于 $[\sigma]$。这意味着，造成奥斯汀型命题 p 为假的原因较为复杂，需要考虑 s 和 $[\sigma]$ 两个因素：当情境 s 与事态 σ 不吻合或是情境 s 中存在相反事态 $\bar{\sigma}$ 时，s 都不属于 $[\sigma]$，奥斯汀型命题 p 都为假。

第三，罗素型视野下的真命题，在奥斯汀型视野下可以为假。同样，罗素型视野下的假命题，在奥斯汀型视野下也可以为真。

在罗素型视野下，一个命题为真仅当存在使之为真的事实集；而在奥斯汀型视野下，由于情境要素内含于命题之中，因此，一个句子所表达命题及其真值随着相关情境的变动而变动，它可能在一个情境中表达真命题而在另一个情境中表达假命题；句子所表达命题及其真值动态变化的特性，使得罗素型视野下的真命题在奥斯汀型视野下可以为假。例如，当张山正在睡觉时，李思错把他当做孙立，说："孙立正在睡觉。"假设此时孙立的确正在睡觉，那么，基于罗素型视野下的"真"，李思话语所表达命题与事实相符，因而是真的。然而，基于奥斯汀型视野下的"真"，李思话语所表达命题将为假，因为事态"孙立正在睡觉"不属于李思话语所指情境。同样，罗素型视野下

的假命题在奥斯汀型视野下可以为真。例如，在罗素型视野下说谎句
"λ：本命题不是真的"所表达命题为假，而在奥斯汀型视野下说谎句
"λ：本命题不是真的"所表达命题可以为假也可以为真（参见本章第
六节）。

第四，存在这样的语句，在罗素型命题视野下，它们表达矛盾命
题并且一真一假；但从奥斯汀型命题的角度看，它们并不构成矛盾命
题，因为二者可以都假。

以"克莱尔有梅花3"和"克莱尔没有梅花3"为例。基于罗素型
命题观，二者表达的命题相互矛盾，必然一真一假；基于奥斯汀型命
题观，二者所表达命题分别可以记作 {s；[有 克莱尔 梅花3；1]} 和
{s；[有 克莱尔 梅花3；0]}。当 s 为克莱尔不出现的情境时，s 既不
属于类型 [有 克莱尔 梅花3；1]，也不属于类型 [有 克莱尔 梅花3；
0]，因此，这两个命题在情境 s 中都为假。

第四节　说谎者命题的罗素型
解释及其问题

罗素型解释是基于罗素型命题、罗素型命题的"真"对说谎句
"λ：本命题不是真的"为代表的一系列自我指称或循环命题进行的诊
断和分析。为突出重点，这里主要以说谎句"λ：本命题不是真的"
为研究对象来考察巴威斯和艾切曼迪对罗素型解释及其存在问题的
分析。

一　说谎者命题的罗素型解释

如前所述，在罗素型命题视野下，说谎句表达唯一的说谎者命题
f= [Fa f]。基于上节给出的弱模型 M，可以证明：任一弱模型 M 都
使说谎者命题 f= [Fa f] 为假，但 f 在 M 中不能为假，即 f 为假的事
实不是现实世界中的事实。

证明：假设 M|=f，则 M 中存在一个集合 s⊆M 使得 s|=p。由此 <Tr, f；0>∈s，因而<Tr, f；0>∈M；根据弱模型的定义，可进一步推出 M|≠f，这与假设矛盾，因此 M|≠f。

假设 f 在 M 中假，即<Tr, f；0>∈M。设 s= {<Tr, f；0>}，则 s 是 M 中的事实且 s|=f。由此 M 使 f 为真，这与前面证明的结论 M|≠f 矛盾，因此 f 在 M 中不能为假，f 为假的事实不是世界中的事实。

上述结论表明，说谎者命题 f 由现实世界的弱模型 M 为假，但其为假的事实却不能存在于弱模型 M 中，即 M|≠f 但< Tr, f；0>∉ M，因为一旦给弱模型 M 增加< Tr，f；0>这样的事态，就会产生矛盾。

二　罗素型解释存在的问题

1. 世界的弱模型 M 不是"语义封闭"的，它只能是"接近语义封闭"的

"语义封闭"建立在 T-封闭和 F-封闭的基础上：

(1) T-封闭：M 满足真$_M$（P）当且仅当 M|=p，即 M|= ［Tr p］当且仅当 M|=p。

(2) F-封闭：M 满足假$_M$（P）当且仅当 M|≠p，即 M|= ［Fa p］当且仅当 M|≠p。

对任一关于世界的弱模型 M 而言，若 M 同时满足以上两个条件，即 T-封闭和 F-封闭，则 M 是语义封闭的。显然，"语义封闭"反映的是"在 M 中真"［真$_M$（P）］和"M 使之为真"（M|=p）、"在 M 中假"［假$_M$（P）］和"M 使之为假"（M|≠p）之间的关联，它表明，在满足语义封闭条件的弱模型中，"在 M 中真"和"M 使之为真"是等价的；同时，"在 M 中假"和"M 使之为假"也是等价的。

然而，前述有关说谎者命题的罗素型解释却表明，关于世界的弱模型 M 不能是语义封闭的。原因在于，说谎者命题 f 由现实世界的弱

模型 M 为假，但其为假的事实却不能存在于弱模型 M 中。换言之，我们可以说 M|≠f 但不能说< Tr, f; 0>∈ M，即不能说 M|= ［Fa f］。这意味着，M|≠f 并不蕴涵 M|= ［Fa f］，因此，F-封闭中所包含的必要条件部分不成立，弱模型 M 不能是语义封闭的。

弱模型 M 不能是语义封闭的，只能是接近语义封闭的。接近语义封闭的弱模型 M 满足以下两个条件：

（1）T-封闭：M 满足真$_M$（P）当且仅当 M|=p，即 M|= ［Tr p］当且仅当 M|=p。

（2）N-封闭：M 满足假$_M$（P）当且仅当 M|=$\bar{p}$，即 M|= ［Fa p］当且仅当 M|=$\bar{p}$。

显然，"接近语义封闭"与"语义封闭"这两个概念的相同之处在于都包含 T-封闭，不同则在于前者包含 N-封闭，后者包含是 F-封闭。F-封闭强调"在 M 中假"［假$_M$（P）］和"M 使之为假"（M|≠p）的同等性，而 N-封闭强调"在 M 中假"［假$_M$（P）］和"M 能够肯定$\bar{p}$为真"（M|=$\bar{p}$）的同等性。

总之，说谎者命题的罗素型解释表明，面对说谎者悖论，我们必须正确地对待 M|≠p 和 M|=$\bar{p}$，不仅要看到 M|≠p 和 M|=$\bar{p}$之间存在的差异，更要合理地区分这二者。在罗素型解释看来，导出说谎者悖论的直觉推理的错误就在于没有合理地区分 M|≠p 和 M|=$\bar{p}$，即没有合理地区分"否认"和"否定"。罗素型解释强调"否认"和"否定"的区分对于说谎者悖论研究的重要意义，这无疑是正确的，但其为避免悖论而得到的"说谎者命题 f 为假的事实不能存在弱模型 M 中"的结论，以及由此引发的仅能保留 N-封闭而必须放弃 F-封闭所体现的语义直觉的结论则具有强烈的特设性。

2. 为保持世界的融贯性而放弃了世界的总体性，导致"第二类事实"的产生

说谎者命题的罗素型解释表明，说谎者命题 f 由现实世界的弱模

型 M 为假，但说谎者命题的假即< Tr，f；0 >不能存在弱模型 M 中。事实上，说谎者命题的真即< Tr，f；1 >也不在 M 中，因为如果假设< Tr，f；1 >在 M 中，则 M|＝f，而事实上 M|≠f。因此，从"在 M 中真"和"在 M 中假"的角度看，弱模型 M 中的命题是存在真值间隙的。不过，只要我们合理区分 M|≠p 和 M|＝p̄，间隙或许只是"内在的"而不至于产生太大危害。但是，巴威斯和艾切曼迪通过对一系列定理的证明表明：可以把任一接近语义封闭的弱模型扩展为一个最大模型 M，并且这个最大模型 M 也是接近语义封闭的。这意味着，即便就关于世界的最大模型而言，说谎者命题为假的事实仍然不能在其中出现。换句话说，说谎者命题为假的事实仍然必须被看做"第二类事实"，一个不属于最大模型的事实。在这个意义上，所谓的"最大"模型并不具有总体性，其实并不是最大。

从直观的角度看，所有的事实都应该被包括在现实世界中。既然说谎者命题由世界为假，那么，其为假的事实就应当被包括在世界中。深明此理的罗素型解释，迫于产生悖论的无奈，最终在世界的总体性和融贯性这两个选择中保留了后者而放弃了前者，即为保持世界的融贯性而放弃了世界的总体性。但是，为什么基于悖论的痛苦，就一定要放弃世界的总体性？放弃了世界的总体性，问题是否就都能够迎刃而解？事实上，伴随着放弃世界的总体性假定，罗素型解释不得不面对"第二类事实"的指责："类说谎者命题产生了许多与其真值相关的第二类'事实'，基于悖论的痛苦，这些'事实'实际上不能被包括在现实世界中。"①

3. 悖论性的罗素型命题依然存在

巴威斯和艾切曼迪指出，在一个模型"使之为真"或"使之为假"的意义上，罗素型命题都不是悖论性的。但是，"在一个模型中为真或为假"的意义上说，悖论性的罗素型命题依然存在。在罗素型

---

① Jon Barwise & John Etchemendy，*The Liar：An Essay on Truth and Circularity*，Stanford University Press，1987，p. 154.

解释中命题实际上可以被分为三类：

（1）经典命题：一个命题 p 是经典的，如果对任一最大模型 M 来说，或真$_m$（p）或假$_m$（p）。显然，对经典命题 p 而言，M|$\neq$p 蕴涵 M|$=\bar{p}$。

（2）固有的（intrinsically）悖论性命题：一个命题 p 在模型 M 中是固有的悖论性的，如果对任一最大模型 N（N$\supseteq$M）来说，既非真$_n$（P）又非假$_n$（P）。说谎者命题就具有这样的性质，即便把世界的弱模型扩充为最大模型，说谎者命题仍然没有真值，否则就会导致矛盾。

（3）偶然的（contingent）悖论性命题：一个命题 p 是偶然的悖论性命题，如果它在一些模型中是悖论性的，在另外一些模型中不是悖论性的。例如，"或者 a 有黑桃 A，或者本命题是假的"，在"a 有黑桃 A"的情况下该命题为真，而在"a 没有黑桃 A"的情况下无法以一致的方式指派真值。这意味着，在罗素型解释中存在这样一类语句，其所表达的命题并不必然构成悖论，而只是在偶然的情况下在产生悖论。

"偶然的悖论性命题"并不总表现出悖论的特征，仅是在经验事实极端不利的情况下才导致悖论，这与克里普克所说的经验型悖论[1]非常类似；而"悖论性命题"则不然，导致悖论是其内在固有的本质特征。偶然的悖论性命题的存在，尤其是固有的悖论性命题的存在，说明罗素型解释并没有从根本上解决悖论问题。

---

① 克里普克指出，a 琼斯说：尼克松关于水门事件的大多数断言是假的，b 尼克松说：琼斯关于水门事件的所有断言都是真的，像 a 和 b 这样的陈述本质上无任何错误，形式上也没有任何问题，但在经验事实极端不利的情况下会导致悖论。例如，如果假定 a 是琼斯关于水门事件的唯一断言，并且尼克松关于水门事件的断言除 b 外真假参半，那么"几乎不需要专门的知识就可以证明 a 和 b 是悖论性的：它们真当且仅当它们假"［Saul Kripke, "Oueline of a Theory of Truth", in Robert L. Martain（ed.）, *Recent Essays on Truth and the Liar Paradox*，1984，p. 55.］。

第五节　说谎者命题的奥斯汀型
解释及其结论

奥斯汀型命题与罗素型命题在"命题"、命题的"真"等问题认识上的差异，使得说谎句"λ：本命题不是真的"在奥斯汀型视野下获得了极为不同的解释，罗素型解释所面临的困难和问题在奥斯汀型解释中不复存在。

一　说谎者命题的奥斯汀型解释

在奥斯汀型视野下，命题及其真值都与情境密切相关，当话语所指示的情境发生变化时，话语所表达命题及其真值就相应地发生变化。由这一思想出发，巴威斯和艾切曼迪得出如下结论：

1. 与任一实际情境相关的说谎者命题假

设 U 为关于世界的部分模型，s 为 U 中的一个实际情境。据奥斯汀型命题观，与情境 s 相关的说谎者命题为 fs＝｛s；［Tr，fs；0］｝。

（1）假设 fs 在 s 中为真，则 fs 所描述的事态应属于 s，因此，<Tr，fs；0>∈s；

（2）据前述有关世界的模型定义可知<Tr，p；1>∈U 当且仅当 p 是真的，这样，如果 fs 在 s 中真，则有<Tr，fs；1>∈s；

（3）s 为 U 中的一个实际情境，且据有关模型的特性可知，一个模型不能既包括一个事态又包括这个事态的否定；而（1）和（2）却表明两个相互矛盾的事态同时出现在模型 U 中的一个实际情境 s 中，这是不可能的，因此 fs 假。

这里有两点需要说明。第一，鉴于与实际情境相关的说谎者命题也称为"可及的说谎者命题",因此,上述结论也可表达为:任一可及的说谎者命题假;第二,从集合构造的角度看,我们既可以表达与实际情境相关的说谎者命题,也可以表达与非实际情境相关的说谎者命题(请参看后面对 s * 和 fs * 的分析)。

2. 说谎者命题为假的事实不属于相关实际情境

如上证明只是表明,与任一实际情境 s 相关的说谎者命题 fs 假。接下来的问题是,fs 为假的事实($<Tr, fs; 0>$)是否属于实际情境 s? 如果是的话,矛盾岂不是重又产生,悖论亦要卷土重来了吗? 下面的证明表明,fs 为假的事实不属于相关实际情境 s。

证明:

(1) 假设 fs 为假的事实属于情境 s,则 $<Tr, fs; 0> \in s$;

(2) 由于 $<Tr, fs; 0>$ 正是 fs 所描述的事态,因此 fs 在 s 中真,即 $<Tr, fs; 1> \in s$;

(3) 根据(1)和(2),两个相互矛盾的事态同时出现在模型 U 中的一个实际情境 s 中,这是不可能的。因此,fs 为假的事实必不属于相关实际情境 s。

如果我们借助康托尔对实数不可数性的证明来考察上述结论,就可以更为深刻地理解它的含义。为证明实数的不可数性,1873 年德国数学家康托尔构造出的一种新的证明方法——对角线方法。康托尔的证明如下:假设实数是可数的,那么,它就可以和自然数集之间建立一一对应关系。以 0 到 1 之间的实数为例。为简便起见,可以将 0 到 1 之间的实数都用无限小数来表示,如 0.5 可以写做 $0.4999\cdots\cdots$这样,0 到 1 区间的自然数与小数之间的对应可被排列如下:

1——$0.a_{11}a_{12}a_{13}\cdots a_{1n}\cdots$
2——$0.b_{21}b_{22}b_{23}\cdots b_{2n}\cdots$

3——0. $c_{31}\, c_{32}\, c_{33} \cdots c_{3n} \cdots$

……

如果 0 到 1 之间的实数是可数的，则上面的排列就应该包括该区间的所有实数。但事实上，在 0 到 1 这个区间可以构造出这样一个实数，它在第一个小数位上不同于 a_{11}，在第二个小数位上不同于 b_{22}，在第三个小数位上不同于 c_{33}，如此等等以致无穷。很明显，因为这个实数总与上面排列中的任一实数至少有一个小数位上的小数不同，因此，它不属于上表中所列举的实数。这也就表明，上述实数排列没有穷尽 0 到 1 之间的所有实数，0 到 1 之间的实数不是可数的。

不难看出，在上述证明中，a_{11}、b_{22}、c_{33}……都是位于对角线上的数字。因此，完成实数不可数证明的关键就在于构造了一个不同于 a_{11}、b_{22}、c_{33}……的逆对角线上的实数，该实数被对角线划出 0 到 1 之间的实数域。这里，必须注意，对角线方法只是对"由'逆对角线'决定的元素在矩阵中的存在性的否定，而不是元素本身存在性的否定"。[①] 也就是说，用逆对角线所构造出的这一实数，虽然不存在于 0 到 1 区间的实数域中，但在客观世界中却真实存在。这与奥斯汀型解释对说谎者命题的处理极为相似，下面来说明这一点。

按照说谎者命题的奥斯汀型解释，与任一实际情境 s 相关的说谎者命题 fs 假，但 fs 为假的事实却不能在 s 中出现。这里，与说谎者命题 fs 相关的任一实际情境 s 就好比对角线推理中 0 到 1 区间的实数，而 fs 为假的事实也就好比位于逆对角线上的实数。正像逆对角线上的实数不存在于 0 到 1 区间一样，说谎者命题 fs 为假的事实也不存在于情境 s 中，说谎者命题的假被对角线划出了 s："……与特定命题相关的事实自动地从与那些命题相关的实际情境中被对角线划出。"巴威斯和艾切曼迪明确指出，正像罗素的集合论悖论表明没有集合可以把所有的集合作为成员，因而不存在一个普遍的集合，与之类似，由说

---

① 张建军：《对角线方法、对角线引理与悖论研究》，载张建军、黄展骥《矛盾与悖论新论》，河北教育出版社 1998 年版，第 155 页。

谎者命题的假位于相关情境之外的结论出发可以推断，"没有实际情境是普遍的（universal），没有实际情境可以包括世界上的所有事实。无论我们把一个实际情境 w 看做多么的综合（comprehensive），它都必须至少删除 fw 是假的第一类事实。"①

这里有三点需要说明。第一，所谓"第一类事实"主要针对的是罗素型解释中的"第二类事实"。在如前给出的罗素型解释中，说谎者命题虽然由世界为假，但其为假的事实却不能存在于世界中否则就会产生矛盾。由此，说谎者命题为假的事实被称为不能被包括到现实世界中的"第二类事实"。在奥斯汀型解释中，说谎者命题为假的事实虽然不属于相关实际情境，但也不必被划到现实世界之外（参见后面对说谎者命题为真的直觉的刻画），这一点与罗素型解释有质的不同，因而才有"第一类事实"的说法。

第二，对 fw 的说明。笔者理解，"fw"（而不是"fs"）的提出建立在把实际情境 s 看做相当"综合"的基础上。也就是说，即使人们把实际情境 s 看做极端综合、包罗万象以至于接近②整个世界 W，它也必须删除 fw 假的"第一类事实"。笔者以为，说谎者命题为假的事实存在于相关情境之外的认识，自然而然地切断了说谎者悖论产生的途径，为说谎者悖论的消解奠定了基础。

第三，正如康托尔证明中运用对角线方法所构造的那个新实数不存在于 0 至 1 区间的实数域中但却存在于现实世界中一样，说谎者命题为假的事实尽管不能存在于相关实际情境中，但完全可以存在于现实世界中。下面我们将会看到 fs 为假的事实虽然不能出现在实际情境 s 中，但完全可以出现在另外的实际情境从而被包括在现实世界中。

3. 说谎者命题在不同情境中真值交替出现

T. 伯奇在 1979 年发表的《论语义悖论》一文中指出，解释语义悖

---

① Jon Barwise & John Etchemendy, *The Liar: An Essay on Truth and Circularity*, Stanford University Press, 1987, p. 155.

② 注意，只是"接近"而不是"等于"。由于情境的部分性，"情境"不可能等于"世界"，对于情境的扩充只能得到特定时空条件下的"世界"。

论的第一项任务是阐明如下由 a 到 b 再到 c 的推理：a：p：p 不是真的；
b：p 不是真的；c：p 最终是真的。他说，当最初看到说谎句时，人们
推论这个语句有语病，因此得出结论 b：它不是真的。但进一步根据说
谎句本身的语义，人们最终又似乎不得不断定 c：p 最终是真的。关于
语义悖论的"一个更令人满意的方案是解释这个推理以便证明它"。①

上述由 a 到 b 再到 c 的推理是说谎者命题之真值变化的直觉反映：
说谎者命题不是真的，但因为其所言正是自身不真，因此，它又应为
真。为把握和反映这样的直觉推理，伯奇本人通过给真值谓词赋以下
标的方法来描述其随语境的变化而变化的特征，但他把真值谓词看做
索引词的做法却招致了不满。建立在情境语义学基础上的奥斯汀型解
释，由于引入了"情境"参量并通过"情境"参量的变化来反映说谎
者命题及其真值的变化，揭示有关真和假的直觉推理，因而克服了伯
奇方案的缺陷。

（1）对说谎者命题为假的直觉的刻画

前已证明，与任一实际情境相关的说谎者命题假。设相关实际情
境为 s_1，则说谎句"λ：本命题不是真的"所表达的说谎者命题 fs_1 是
假的。现在，如果构造一个新的不同的情境，一个包括说谎者命题 fs_1
为假事实的实际情境 s_2，那么与 s_2 相关的说谎者命题真假如何？如果
再构造更多的诸如此类的实际情境 s_3、s_4……又会出现怎样的状况？
巴威斯和艾切曼迪对这个问题进行了深入考察。

令实际情境为 s_1，则与 s_1 相关的说谎者命题 fs_1 假，但 fs_1 假的事
实不能存在于 s_1 中；增加该事实至 s_1，可以得到一个新的实际情境
$s_2 = s_1 \cup \{< Tr, fs_1; 0 >\}$，那么与 s_2 相关的说谎者命题 fs_2 假。由于
命题与情境相关，所以与实际情境 s_2 相关的说谎者命题应为 $fs_2 =$
$\{s_2, [Tr, fs_2; 0]\}$ 而不是 $fs_1 = \{s_1, [Tr, fs_1; 0]\}$；同理可以构
造出实际情境 $s_3 = s_2 \cup \{< Tr, fs_2; 0 >\}$，与 s_3 相关的说谎者命题
$fs_3 = \{s_3, [Tr, fs_3; 0]\}$ 假。由此可以构造出无限多个实际情境，

---

① Tyler Burge, "Semantical Paradox", in Robert L. Martin （ed.）, *Recent Essays on Truth and the Liar Paradox*, Oxford University Press, 1984, p. 93.

与之相关的说谎者命题都为假，如表 1 所示：

表 1

情境	实际的	说谎者命题的真值
s_1	假定	fs_1 是假的
$s_2 = s_1 \cup \{< Tr,\ fs_1\ ;\ 0 >\}$	是	fs_2 是假的
$s_3 = s_2 \cup \{< Tr,\ fs_2\ ;\ 0 >\}$	是	fs_3 是假的
$s_4 = s_3 \cup \{< Tr,\ fs_3\ ;\ 0 >\}$	是	fs_4 是假的
……	……	……
$s* = s_1 \cup \{< Tr,\ fs*\ ;\ 0 >\}$	不是	$fs*$ 是真的①

注意：$s*$ 是与 s_1、s_2 等的构造完全不同的情境，对 $s*$ 的说明将在下面进行。

(2) 对说谎者命题为真的直觉的刻画

由于情境可以是实际的，也可以是非实际的，因此，说谎者命题为真实际上包括两种情形：第一种与非实际情境相关，第二种与实际情境相关。尽管对说谎者命题为真的直觉的刻画主要涉及第二种，但有必要对第一种情形加以说明。

图 1 中 $fs*$ 的构造属于第一种情形：令 $s* = s_1 \cup \{< Tr,\ fs*\ ;\ 0 >\}$，由于 $fs*$ 所描述的事态 $< Tr,\ fs*\ ;\ 0 >$ 属于情境 $s*$，因此与情境 $s*$ 相关的说谎者命题 $fs*$ 为真。这表明，说谎者命题随着相关情境的变化，真值亦发生了变化，由取假值到可以取真值。然而，必须注意到，$s*$ 与实际情境不同，它只是集合论形式的构造：因为前面已经证明了说谎者命题的假不属于相关实际情境，而 $s*$ 恰恰把说谎者命题在情境 $s*$ 中为假的事实 $< Tr,\ fs*\ ;\ 0 >$ 包括在自身中，故而只能是抽象的集合论构造而非实际情境。

说谎者命题为真的第二种情形如下：如前所证，与实际情境 s_1 相关的说谎者命题 fs_1 假；当在新的情境 $s_2 = s_1 \cup \{< Tr,\ fs_1\ ;\ 0 >\}$ 中陈

---

① Jon Barwise & John Etchemendy，*The Liar：An Essay on Truth and Circularity*，Stanford University Press，1987，p. 136.

述"fs_1 不是真的"这一事实时，我们表达了一个不同的命题 $Ps_1 =$ $\{s_2;\ [Tr,\ fs_1;\ 0]\}$。$Ps_1$ 的真假如何？很明显，因为情境 s_2 包括 "fs_1 不是真的"这样的事态，所以 Ps_1 真。同理可以构造出情境 $s_3 =$ $s_2 \cup \{<Tr,\ fs_2;\ 0>\}$，使得 $Ps_2 = \{s_3;\ [Tr,\ fs_2;\ 0]\}$ 真。依此类推，可以构造出无限多个新的情境，使得 Ps_3、Ps_4、Ps_5 等命题都为真，如表 2 所示：

表 2

命题	真值
$Ps_1 = \{s_2;\ [Tr,\ fs_1;\ 0]\}$	真
$Ps_2 = \{s_3;\ [Tr,\ fs_2;\ 0]\}$	真
$Ps_3 = \{s_4;\ [Tr,\ fs_3;\ 0]\}$	真
……	……

显然，Ps_i 层系命题的"真"表明，我们能够在一个新的情境中认识说谎者命题的"假"，并基于其为假的事实断言它的"真"。这一点，对于理解说谎者命题的真值交替变化至关重要。

（3）对说谎者命题真值交替变化的直觉的刻画

通过观察说谎者命题的真值变化，可以发现说谎者命题的真值不仅是由"假"到"真"的变化，实际上还表现出真值的交替变化：说谎者命题的"真"和"假"出现有规律的摆动。由此，笔者感到，有关语义悖论的解决方案不仅应该把握伯奇所讲的"由 a 到 b 再到 c"的直觉推理，而且还应该揭示和反映说谎者命题之真值的规律性变动。奥斯汀型解释在这两个方面都准确地反映了与说谎者命题真值相关的直觉。

综合表 1 和表 2 可以看到，说谎句所表达命题及其真值因为相关情境的变化出现规律性的变动，如表 3 所示：[①]

---

① Jon Barwise & John Etchemendy, *The Liar: An Essay on Truth and Circularity*, Stanford University Press, 1987, p. 137.

表 3

命题	真值
$fs_1 = \{s_1;\ [Tr,\ fs_1;\ 0]\}$	假
$Ps_1 = \{s_2;\ [Tr,\ fs_1;\ 0]\}$	真
$fs_2 = \{s_2;\ [Tr,\ fs_2;\ 0]\}$	假
$Ps_2 = \{s_3;\ [Tr,\ fs_2;\ 0]\}$	真
$fs_3 = \{s_3;\ [Tr,\ fs_3;\ 0]\}$	假
$Ps_3 = \{s_4;\ [Tr,\ fs_3;\ 0]\}$	真
……	……

　　进一步综合非实际情境 $s*$ ，说谎句所表达命题及其真值可以通过图 1 得到较完全的反映：[①]

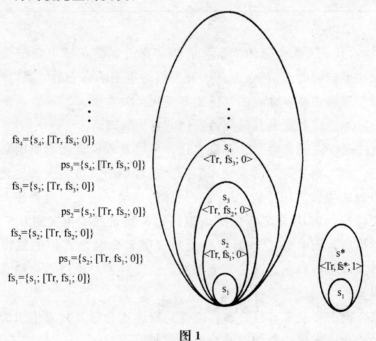

$$fs_4=\{s_4;\ [Tr,\ fs_4;\ 0]\}$$
$$ps_3=\{s_4;\ [Tr,\ fs_3;\ 0]\}$$
$$fs_3=\{s_3;\ [Tr,\ fs_3;\ 0]\}$$
$$ps_2=\{s_3;\ [Tr,\ fs_2;\ 0]\}$$
$$fs_2=\{s_2;\ [Tr,\ fs_2;\ 0]\}$$
$$ps_1=\{s_2;\ [Tr,\ fs_1;\ 0]\}$$
$$fs_1=\{s_1;\ [Tr,\ fs_1;\ 0]\}$$

图 1

　　① Jon Barwise & John Etchemendy, *The Liar: An Essay on Truth and Circularity*, Stanford University Press, 1987, p. 137.

巴威斯和艾切曼迪指出，以上列表中 fs_i 层系中的命题对应于说谎句 "λ_1：本命题不是真的"，而 Ps_i 层系中的命题对应的是说谎句 "λ_2：那个命题不是真的"（"那个命题"指称说谎者命题 fs_i）。显然，fs_i 层系中的命题和 Ps_i 层系中的命题的相关性体现了（巴威斯和艾切曼迪所称谓的"强化的说谎句"）λ_1 和 λ_2 的相关性，而 fs_i 层系命题的假和 Ps_i 层系命题的真则进一步反映了 "λ_1 不是真的而 λ_2 应该为真"的直觉。

如果从罗素型解释的角度来分析说谎句 "λ_1：本命题不是真的"和 "λ_2：那个命题不是真的"所表达的命题及其真值，会发现它与奥斯汀型解释之间存在三个不同：第一，对 λ_1 和 λ_2 所表达的命题认识不同。从罗素型解释的角度看，当"那个命题"指称前一个命题时，"λ_1：本命题不是真的"和 "λ_2：那个命题不是真的"表达相同的命题；从奥斯汀型解释的角度看，λ_1 和 λ_2 表达不同的命题，分别对应于 fs_i 层系和 Ps_i 层系的命题，它们仅具有相同的类型；第二，对 λ_1 和 λ_2 所表达命题的真值认识不同。从罗素型解释的角度看，λ_1 和 λ_2 所表达命题具有相同的真值即都为假；从奥斯汀型解释的角度看，λ_1 和 λ_2 所表达命题具有不同的真值，前者为假而后者为真，fs_i 层系命题都为假而 Ps_i 层系命题都为真的事实反映了这一点。第三，能否有真命题可以表达说谎者命题的假？从罗素型解释的角度看，说谎句 "λ_1：本命题不是真的"所表达命题由现实世界为假，但其为假的事实不能被包括在现实世界中而只能是"第二类事实"，因此，没有真命题可以表达说谎者命题的假；从奥斯汀型解释的角度看，我们完全可以用真命题来表达说谎者命题的假，Ps_i 层系的命题就反映了这一点，它们表达的都是说谎者命题为假的事实，而且其自身都为真。这意味着，罗素型解释在表达上所具有的局限在奥斯汀型解释中并不存在。总之，上述三个差异的存在从一个侧面反映和揭示了罗素型解释的不足，表明说谎者命题的奥斯汀型解释能够更好地把握和反映与说谎者命题真值相关的直觉。

二　奥斯汀型解释的结论

1. 世界的每一总体模型（total model）都是语义封闭的

在罗素型解释中我们提到，如果一个模型既是 T-封闭的又是 F-封闭的，那么这个模型就是语义封闭的；如果一个模型既是 T-封闭的又是 N-封闭的，那么这个模型就是接近语义封闭的。语义封闭与接近语义封闭的根本区别在于 F-封闭与 N-封闭的不同：F-封闭表明，$M|=$ ［Fa p］当且仅当 $M|\neq p$；N-封闭表明，$M|=$ ［Fa p］当且仅当 $M|=\bar{p}$。按照说谎者命题的罗素型解释，说谎者命题由弱模型 M 为假，但其为假的事实却不能存在于弱模型 M 中，这使得 $M|\neq p$ 和 $M|=\bar{p}$ 的区分成为必要，使得我们被迫放弃 F-封闭而仅保留 N-封闭所体现的语义直觉，使得关于世界的弱模型 M 不能语义封闭而只能是接近语义封闭的。

按照说谎者命题的奥斯汀型解释，说谎者命题 fs 为假的事实虽然不能存在于相关实际情境 s 中，不能成为相关实际情境 s 中的事实，但却完全可以存在于其他实际情境中，存在于现实世界中而不必被排除在世界之外成为"第二类事实"。由此出发，关于世界的模型 W 获得了与罗素型解释不同的特性：第一，具有总体性，即便是说谎者命题为假的事实也不必被排除在世界模型 W 之外；第二，是语义封闭而非接近语义封闭的：关于世界的模型 W 既是 T-封闭又是 F-封闭的，因为对任一真命题 p 来说，$< Tr, p; 1 >\in W$；对任一假命题 p 而言，$< Tr, p; 0 >\in W$。这里不存在真值间隙，即便说谎者命题的假也完全可以合理合法地存在于关于世界的模型中，我们不必放弃 F-封闭而仅保留 N-封闭所体现的语义直觉，关于世界的总体模型必定是语义封闭的。

2. 世界既具有总体性又具有融贯性

在罗素型解释中我们提到，迫于悖论的痛苦，罗素型解释必须在世界的总体性和融贯性之间作出选择：如果世界是总体的，那么世界将是不融贯的；而如果世界是融贯的，就必须放弃世界的总体性。面对这个二难选择，罗素型解释最终为保持融贯放弃了世界的总体性，使得说谎者命题的假被迫成为"第二类事实"。

罗素型解释所面临的二难选择在奥斯汀型解释中并不存在。基于说谎者的奥斯汀型解释可以看到：（1）世界具有融贯性，其中的每一个命题或真或假，说谎句所表达的命题也不例外：与不同情境相关的说谎句表达不同的命题，具有不同的真值，这其中并不存在矛盾；（2）情境是部分的，而世界具有总体性：说谎者命题 fs 为假的事实虽然不能存在于相关实际情境 s 中，但完全可以存在于另一个实际情境 s₁ 中，成为现实世界中的一个事实。总之，在借助情境要素来刻画说谎者命题及其真值的奥斯汀型解释中，世界的融贯性和总体性并不像罗素型解释中那样表现为相互矛盾的关系，保留一个似乎就必须放弃另一个，相反二者完全可以协调地存在。

回顾逻辑学研究的历史不难看出，对融贯性的追求是人们不懈努力的目标。然而，说谎者悖论的出现却表明从某些公认正确的背景知识出发，经过合乎逻辑的推理，可以推出一个矛盾！说谎者命题的双重特性——"悖理性"和"合逻辑性"曾使得无数逻辑学家大伤脑筋，千百年来人们一直都试图通过对它作出合理的解释达到融贯性的满足。如前所述，说谎者命题的罗素型解释甚至不惜以牺牲世界的总体性为代价来保留世界的融贯性！从这个角度看来，借助"情境"要素，通过对语句所表达命题及其真值的重新考察，在消解说谎者悖论的同时，既坚持了世界的融贯性又合理地保留了世界的总体性的奥斯汀型解释的提出，无疑具有重要意义。它向人们表明，说谎者悖论的产生在某种程度上源于对"情境"的忽略。只有注意到相关情境的变化，才能够对说谎者悖论作出合理的解释，既保留世界的总体性，又坚持世界的融贯性。

3. 罗素型解释中的悖论性语句在奥斯汀型解释中可以获得相应的真值

（1）罗素型解释中的最大模型与奥斯汀解释中的"情境"之间的关联

从说谎者命题的假不能被包括在现实世界的角度看，罗素型解释所谈到的"最大模型"无论如何都不是"最大的"，因为说谎者命题为假的事实不能在其中得到反映。与之相比，奥斯汀型解释借助情境概念真正保留了世界的总体性，说谎者命题的假不必被排除到世界之外，奥斯汀型解释因此具有比罗素型解释更强的表达能力：存在这样的事实，它们不能被罗素型解释中的最大模型所刻画，但却可以被奥斯汀型解释中的情境所把握。巴威斯和艾切曼迪由此出发证明了如下结论，即反映定理（the Reflection Theorem）：关于世界的每一最大罗素模型 M 都可以被某个可能情境 m 所反映。

基于反映定理，可以得到如下结论：如果一个句子 φ 在 M 中为真（或为假）的意义上表达了一个罗素型命题 P，那么 φ 可被用于表达与 m 相关的一个奥斯汀型命题 Pm，它具有和模型 M 中相同的真值。我们可以构建如下列表（参见表 4）以更清楚地反映巴威斯和艾切曼迪的这一思想。

表4

情况	句子	最大罗素模型 M	可能情境 m
（1）	φ	真$_M$（p）	Pm（真）
（2）	φ	假$_M$（p）	Pm（假）

显然，反映定理的提出，搭建了罗素型命题和奥斯汀型命题的桥梁。这样，"一个罗素主义者可以认为他表达了与整个世界相关的一个命题，而一个奥斯汀主义者可以把这个命题看做与某个较大的实际情境而不是与整个世界相关。"[①]

（2）罗素型解释中的悖论性语句在奥斯汀型解释中的刻画

在前面谈及罗素型解释的缺陷时，所论及的对象都是悖论性的罗素型命题。由于罗素型命题观和奥斯汀型命题观之间存在差异，这里必须返回到悖论性语句，才能揭示罗素型解释中的悖论性语句在奥斯

---

①　Jon Barwise & John Etchemendy , *The Liar：An Essay on Truth and Circularity*, Stanford University Press, 1987，p. 156.

汀型解释中的刻画。

巴威斯和艾切曼迪指出，就罗素型语义学而言，形式语言 L 中的一个句子 φ 是固有的、悖论性的，如果 EXP（φ）是固有的悖论性的；就奥斯汀型语义学来说，句子 φ 为假，如果对每一可能情境 s 来说，命题 EXP（φ，s）假。上述定义刻画了句子和命题之间的关系，表明：在罗素型视野下，如果一个句子所表达的命题是固有的悖论性的，那么，这个句子就是固有的悖论性的；在奥斯汀型视野下，如果对每一个可能情境而言句子所表达命题为假，则该句子假。由此出发，巴威斯和艾切曼迪进一步证明了如下结论：

一个句子 φ 在罗素型语义学中是固有的、悖论性的，仅当 φ 和 ¬φ 在奥斯汀语义学中假。

这里有三点需要说明。第一，¬φ 所表达的含义不是"否认"而是"否定"，这意味着，到目前为止（在奥斯汀型解释中）我们还没有对"否认"展开讨论。第二，从句子 φ 和 ¬φ 在奥斯汀语义学中都为假来看，奥斯汀型解释似乎放弃了排中律。事实并非如此，因为一个命题和它的"否定"命题可以同时为假（参见本章第三节），但和它的"否认"命题却不可同时为假，后面对否认的说谎者命题的讨论将反映这一点。第三，从句子和命题的关系看，上述结论实际上是说，一个句子 φ 在罗素型语义学中表达的命题 EXP（φ）是悖论性的（在最大的模型中既不真又不假），仅当 φ 在奥斯汀型语义学中表达的命题 EXP（φ，s）以及 ¬φ 在奥斯汀型语义学中表达的命题 EXP（¬φ，s）都为假。

总之，上述结论不仅揭示了罗素型解释与奥斯汀型解释之间存在着深刻的关联，而且表明罗素型解释中的悖论性句子（命题）在奥斯汀型解释中可以得到一个自然的刻画。

4. 说谎者悖论的产生与说谎句涉及的三方面歧义相关，分别是：情境变动造成的歧义、指示词"this"的歧义以及否定词的歧义

从罗素型解释的角度看，否定和否认的区分对于说谎者悖论研究具有十分重要的意义；从奥斯汀型解释的角度看，除了否定词的歧义外，说谎者悖论的产生还与情境变动造成的歧义、指示词"this"的歧义密切相关。

(1) 情境变动造成的歧义

在说谎者命题的奥斯汀解释中，我们共给出三个结论：第一，与任一实际情境相关的说谎者命题为假；第二，说谎者命题为假的事实不属于相关实际情境；第三，说谎者命题在不同情境中真值交替出现。这三个结论共同反映了情境变动造成的歧义。

如前所证，设任一实际情境为 s，则与 s 相关的说谎者命题 fs 假，并且，fs 为假的事实不属于相关实际情境 s（被对角线划出 s）。当在一个新的情境 s_1 中述说 fs 的假时，"fs 不是真的"在 s_1 中（$s_1 = s \cup \{\langle Tr, fs; 0\rangle\}$）表达了一个不同的命题 $Ps = \{s_1; [Tr, fs; 0]\}$。由于$\langle Tr, fs; 0\rangle \in s_1$，因此，Ps 真。通过对"情境"的不断扩充，可以进一步显现说谎者命题真值的交替变化，前述 fs_i 层系命题的真值和 Ps_i 层系命题的真值说明了这一点。请注意，在这一过程中，说谎者命题的确获得了相反的真值（真和假），但所谓的相反真值其实分别属于不同的命题（如 fs 和 Ps），而不同命题的真和假（如"fs 的假"和"Ps 的真"）并不构成矛盾。忽略情境，从抽象的角度看，说谎句所表达命题的真值之间当然有矛盾；然而，一旦揭示出情境要素，就可以看到，致使说谎句所表达命题及其真值发生变化的原因就在于相关情境的变动。正确地认识情境的变动，就会看到所谓的矛盾不过是表面现象或者说是错觉，因为不同情境不同命题（如 fs_i 层系和 Ps_i 层系命题）之间的相反真值其实是不矛盾的。这就好比一个人在美国说"现在是下午六点"，另一个人在中国说"现在不是下午六点"，两者并不构成矛盾。正是在这个意义上，我们赞同德福林先生的如下观点：从情境语义学解悖方案的角度看，说谎者悖论产生的真正根源就在于未被认知的情境。一旦能够正确地处理情境，原来被认为是悖论的命题便不再构成悖论。①

---

① 参见德福林《笛卡儿，拜拜》，李国伟、饶伟立译，（台北）天下远见出版社 2000 年版，第 330～331 页。

　　从自然语言的角度看，语句所指示的情境通常是隐含的、不明晰的，这种模糊性造成了人们对它经常的忽略。在这方面，罗素型解释就是一个典型例证。究其实，一个语句的意义和（该语句所表达的）陈述反映的命题内容是不同的，前者与情境相关，换句话说，随着相关情境的变动，语句将表达不同的命题，具有不同的意义。罗素型命题着眼于命题内容的刻画，但忽略了与之相关的情境要素，这使得它只能从静态的角度去理解命题，使得说谎句所表达的命题成为唯一、固定的，使得它最终不能合理地解释说谎者命题的真值变动。

　　（2）指示词"this"的歧义

　　从说谎者命题的奥斯汀型解释看，除了相关情境的变动造成的歧义外，说谎句中所包含指示词"this"的歧义也可能导致说谎者悖论的产生。

　　在自然语言中，由于所讨论问题的情境的隐含性，指示词"this"实际上可以有两种用法：既可以语义自返以自我指称的方式被使用（如说谎句"λ_1：本命题不是真的"所示），又可以像"that"那样以指示性的方式被使用（在这种情况下，说谎句中的指示词 this 可以被用来指称任何一个先在的命题，包括说谎者命题 fs。此时，this 的用法显然类似于"λ_2：那个命题不是真的"中的指示词"那个"的用法）。对应这两种不同的用法，说谎句表达不同的命题并具有不同的真值，在说谎者命题的奥斯汀型解释中，fs_i 层系的命题和 Ps_i 层系的命题分别反映了这一点：fs_i 层系的命题对应的是"this"的语义自返用法，Ps_i 层系的命题对应的则是"this"的指示性用法，并且，fs_i 层系命题和 Ps_i 层系命题具有相反的真值，前者为假，后者为真。由此看来，在说谎句的研究中，如果不能合理地认识指示词"this"的歧义，不能准确把握"this"的上述两种用法之间的差异，同样不能正确地解释说谎者命题的真值变动，从而把其中的"真"和"假"看成是矛盾或对立的。从这个意义上说，不能正确地理解说谎句中指示词"this"的歧义也是导致说谎者悖论产生的一个原因。

　　由上述认识出发，笔者感到，把说谎句"this proposition is not true"译为"本命题不是真的"具有一定的局限性，因为从这种译法出发，我们往往只关注指示词 this 的自返性用法而忽略 this 的指示性用法。这对于正确地认识说谎句所表达命题及其真值是不利的。相比之下，把说谎句译为"这个命题不是真的"更为妥帖，因为它可以涵盖指示词 this 的两种不同用法，即语义自返性用法和指示性用法。[①]

（3）否定词的歧义

到目前为止，我们对说谎者悖论所做出的分析都建立在"否定的说谎句"（说谎句"λ：本命题不是真的"）的基础上。"否认的说谎句"（并非本命题是真的）与"否定的说谎句"关系如何，是否等值？从经典逻辑的角度看，二者不存在太大分别，完全可以进行等值替换。但在巴威斯和艾切曼迪看来，"否定的说谎句"和"否认的说谎句"分别表达不同的命题并具有不同的真值。不能正确地把握否定词的歧义，不能合理地区分这二者，同样会导致说谎者悖论的产生。

巴威斯和艾切曼迪指出，"否定的说谎句"和"否认的说谎句"分别表达不同的命题，分别是："肯定的说谎者命题"，即 $fs = \{s; [Tr, fs; 0]\}$；"否认的说谎者命题"，即 $ds = \overline{\{s; [Tr, ds; 1]\}}$。可以证明，如果 s 是实际的，则与 s 相关的否认的说谎者命题 ds 是真的。

证明：假设 ds 不是真的，则 s 属于类型 $[Tr, ds; 1]$，这意味着 $<Tr, ds; 1> \in s$；据模型 U 的定义，如果 $<Tr, p; 1> \in U$，则 p 真，因此 ds 必是真的。

将如上证明结论与肯定的说谎者命题相比，不难发现，与实际情境 s 相关的否认的说谎者命题 ds 为真而肯定的说谎者命题 fs 为假。一真一假，两个相反的真值，从表面上看似乎构成了矛盾，但事实并非如此。因为很显然，这里的"真"和"假"分别隶属于不同的命题（ds 和 fs），而不同命题的"真"和"假"并不导致矛盾。[②] 这意味着，在说谎者悖论的研究中，如果不能正确理解否定词的歧义性，不能合

---

① 尽管如此，本书还是沿用了惯常的译法，即"本命题不是真的"。

② 注意，这里不涉及情境的变动，因为即便对于一个确定的情境而言，肯定的说谎者命题假而否认的说谎者命题真。

理地区分"否定"和"否认"，把肯定的说谎者命题和否认的说谎者命题混为一谈，同样会面临产生悖论的危险。从这个角度看来，"产生悖论的直觉推理，还导源于另一歧义性，它与情境变动无关，而是混淆了否定主张的肯定（肯定的说谎者）和肯定主张的否认（否认的说谎者）。"①

必须指出，罗素型解释把说谎者悖论的产生根源归结为对否定和否认的混淆，而奥斯汀型解释虽然也强调否定和否认的混淆可能导致悖论，但并不把悖论产生的根源归结于此。在巴威斯和艾切曼迪看来，说谎者悖论的产生实际上与上述三个歧义即情境变动造成的歧义、否定和否认的歧义以及说谎句 this 的歧义都相关。为了清楚地揭示这一点，我们把这一思想图示如下（如图 2 所示）。

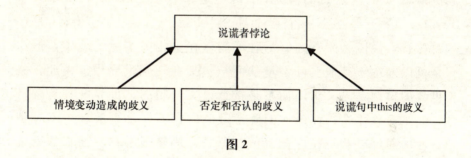

图 2

正是基于这样的认识，巴威斯和艾切曼迪最终得出如下结论："从奥斯汀解释的角度看，说谎句并不真正导致悖论，相反，它只是以许多不同的方式表达了许多不同的事情。由此，曾被认为是悖论的东西，现在看起来只不过是布满了歧义性罢了。"②

从总体上看，本章主要给出了有关句子所表达命题及其真值的两种不同认识，分别对应于罗素型解释和奥斯汀型解释。由于对句子所表达命题、对命题的"真"问题认识上的分野，说谎句所表达

---

① Jon Barwise&John Etchemendy，*The Liar：An Essay on Truth and Circularity*，Stanford University Press，1987，p. 167.

② Ibid.，p. 177.

命题及其真值在这两种解释中得到了不同的刻画：在罗素型解释中，说谎句"λ：本命题不是真的"表达唯一的一个说谎者命题 $f=[Faf]$；该命题虽然由现实世界的弱模型 M 为假，但其为假的事实却不能存在于弱模型 M 中。由此，关于世界的最大模型只能是接近语义封闭而不是语义封闭的；世界是融贯的但却不具有总体性（"第二类事实"的产生说明了这一点）；从一个命题在模型中为真或为假的角度看，悖论性的罗素型命题依然存在。从奥斯汀型解释的角度看，说谎句"λ：本命题不是真的"可以表达多个说谎者命题，基于不同的情境表达不同的命题并具有不同的真值。如前所证，与任一实际情境 s 相关的说谎者命题为 fs（$fs=\{s;[Tr, fs;0]\}$）假，但 fs 为假的事实却不能是 s 中的事实（被对角线划出情境 s）。当在一个新的情境 s_1 中述说 fs 的假时，"fs 不是真的"在 s_1 中（$s_1=s\cup\{<Tr, fs;0>\}$）表达了一个真命题 Ps（$Ps=\{s_1;[Tr, fs;0]\}$）。这意味着，说谎者命题的假尽管不能存在于相关实际情境中，但却完全可以存在于其他实际情境从而被包括在现实世界中。由此，关于世界的模型是语义封闭而不是接近语义封闭的；世界既具有融贯性，又具有总体性；悖论性的罗素型命题在奥斯汀型解释中不再是悖论性的而可以获得相应的真值。总之，罗素型解释所面临的困难和问题在奥斯汀型解释中都不复存在。

比较说谎者的罗素型解释和奥斯汀型解释可以发现，后者之所以能够对说谎者悖论作出较为相对合理的解释，根本原因在于其对语句所表达命题、语句所表达命题的真值认识上的飞跃。在它看来，任一语句所表达的命题都不应被简单地对应为命题内容，而应被看做由两个部分组成：由指示性约定决定的相关情境和由描述性约定决定的情境类型，即 $p=\{s;T\}$；任一语句所表达命题的真值都不应笼统地以整个现实世界而应以相关情境为参照——当情境要素发生变化时，语句所表达命题及其真值势必要发生相应的变化。可以说，巴威斯和艾切曼迪正是借助"情境"要素，通过对自然语言语句所表达的命题及其真值的语用的、动态的和精致的刻画，才实现了说谎者悖论的消解。反过来讲，如果没有"情境"的引入，没有结合"情境"对语句所表达命题及其真值的语用刻画，就不可能准确地揭示说谎者命题真值的交替变化，就不可能在坚持世界的融贯性和总体性前提下实现说谎者悖论的消解，并进一步揭示出相关情境变动造成的歧义、指示词"this"的歧义以及否定词的歧义与说谎者悖论的密切关联。

第四章　情境语义学解悖方案评析

　　建立在情境语义学基础上的奥斯汀型解释（即情境语义学解悖方案），以"情境"为参量对说谎句所表达命题及其真值的刻画，以及在此基础上对说谎者悖论的消解和产生根源的分析，为悖论问题的研究提供了一个新视角和新思路。巴威斯和艾切曼迪被看做 20 世纪后 15 年悖论研究中出现的重要人物，情境语义学解悖方案被看做悖论研究的一个重要典范。有学者评价说，"直到巴威斯和艾切曼迪……将情境理论的形式技巧运用到说谎者悖论上后，这个问题才算是正式被解决。"① 还有学者认为，情境语义学解悖方案不仅能使人们从说谎者悖论这个千古难题中"脱困"，而且"解放得非常自然"。②

　　情境语义学解悖方案对以说谎者悖论为代表的语义悖论的消解具有什么特点，实质如何？情境语义学解悖方案对说谎者悖论的诊断和分析取得了哪些成就，意义何在？在笔者看来，情境语义学解悖方案的优势主要表现在以下四个方面：深刻揭示了说谎者悖论产生的根源；在尊重经典逻辑的基础上实现了说谎者悖论的语用消解；能够达到 RZH 解悖标准的要求；阐明了否定和否认的区分对说谎者悖论研究的重要意义。本章将通过情境语义学解悖方案与传统解悖方案（包括语境迟钝型解悖方案）的比较、情境语义学解悖方案与次协调逻辑解悖方案的比较、情境语义学解悖方案对否定和否认的考察、对情境

---

　　① 德福林：《笛卡儿，拜拜》，李国伟、饶伟立译，（台北）天下远见出版社 2000 年版，第 330 页。

　　② 李国伟：《把脉络带进来》，载德福林《笛卡儿，拜拜》，李国伟、饶伟立译，（台北）天下远见出版社 2000 年版，导读第 9 页。

语义学解悖方案的辩护等四个方面探讨分析情境语义学解悖方案所具有的优势。

第一节　情境语义学解悖方案与传统解悖方案比较研究

所谓"传统"解悖方案，在这里指称两个方面的内容，一个是罗素、塔尔斯基等针对说谎者悖论所提出的消解方案，另一个是近年西方悖论研究中出现的"语境迟钝型解悖方案"。[①] 贯之以"传统"称谓的原因，主要是相对近年西方悖论研究中形成的"语境敏感型解悖方案"和"次协调逻辑解悖方案"而言的。这里的"相对"不针对方案产生的时间先后，而侧重于方案的实质性差异。换句话说，因为近年西方悖论研究中出现的"语境敏感型解悖方案"和"次协调逻辑解悖方案"在悖论问题认识上与罗素、塔尔斯基等的观点有着本质的不同（"语境敏感型解悖方案"和"次协调逻辑解悖方案"都是在变革以往方案的基础上提出的），我们才把罗素、塔尔斯基等所提出的方案归为"传统解悖方案"。相比之下，"语境迟钝型解悖方案"尽管也产生于近年西方悖论研究的历史舞台，但因为是在"改良"以往方案的基础上产生的，这里仍然把它归为传统解悖方案之列。

情境语义学解悖方案与传统解悖方案之间的差异何在？情境语义学解悖方案与传统解悖方案相比是否更为合理？本节试图通过对情境语义学解悖方案与传统解悖方案的比较研究回答这些问题。比较研究主要涉及解悖思路、对说谎者悖论产生根源问题的认识、解悖方案的实质、解悖结果四个方面。

---

① 语境迟钝型解悖方案的最主要代表是：克里普克的真值间隙论解悖方案、赫兹伯格的素朴语义学方案、古普塔的真理修正论解悖方案（见彭漪涟、马钦荣主编《逻辑学大辞典》，上海辞书出版社 2004 年版，第 620 页）。本节没有涉及古普塔的真理修正论解悖方案。

一　解悖思路不同

悖论研究的终极目标在于合理地消解它。但如何消解、采用什么样的视角、运用什么样的方法来消解，对这些问题的不同回答导致了不同的解悖思路，构筑了悖论研究中各具特色的解决方案。

1. 传统解悖方案："就语义来谈语义"

20世纪初罗素悖论的发现，使得悖论问题的研究再次掀起热潮。1908年罗素在明确恶性循环原则之后，提出了著名的分支类型论方案，试图通过禁止自我指称来解决悖论问题。1931年塔尔斯基提出了语言层次理论，认为对象语言的"真"必须在元语言中谓述，而元语言的"真"又必须在元语言中谓述，以此类推，语义悖论就可以得到避免。1975年，语境迟钝型解悖方案的主要代表之一，克里普克提出了以"有根基性"概念为核心的真值间隙论解悖方案，指出悖论性语句是无根基的，处于真值间隙状态，既不真又不假。这样，语义悖论就无法产生。1982年，赫兹伯格提出了著名的素朴语义学方案。赫兹伯格不主张采用压制或排除的方法来解决悖论问题，而希望通过观察悖论的自发产生，"让悖论自己透露它们的内在原理"。赫兹伯格研究发现，悖论性命题真值的变化并不是杂乱无章的，相反，它具有一定的稳定性，表现出一定的周期性，即由真→假→真→假……或由假→真→假→真……赫兹伯格认为，"语义悖论的产生在于截取悖论性语句的周期性展开的某些赋值阶段，不进行这种截取就可以避免悖论。"①

上述方案虽然在具体构想和细节上千差万别，但却具有一个共同的特征："就语义来谈语义。"无论是罗素方案中的"禁止自我指称"，塔尔斯基的"语言层次"，还是克里普克的"真值间隙"，赫兹伯格的

---

① 参见彭漪涟、马钦荣主编《逻辑学大辞典》，上海辞书出版社2004年版，第18页。

"语义不稳定"，都力图在语义学范围内通过说谎句的语义分析，达到消解说谎者悖论的目的。

2. 情境语义学解悖方案："就语用来谈语义"

张建军先生指出，悖论性语句之真值的周期性变化，"的确在最纯粹的形态上展示了语义概念'变'的本性，但在悖论式语句的变程中任意截取两段仍导致逻辑矛盾。要在对它们的把握上超越逻辑矛盾，则需要对真值概念进行对立统一的认识"。[①] 从情境语义学解悖方案来看，说谎者悖论得以最终消解的原因就在于它借助"情境"要素，对语句所表达命题及其真值进行了语用的、动态的刻画。情境语义学解悖方案建立的基础主要有两个：第一，对语句所表达命题的重新刻画。按照情境语义学，语句的意义和时间、地点、认知主体等要素密切相关，因此，语句所表达命题不只涉及命题内容而且应包括两个部分：由指示性约定决定的情境和描述性约定决定的情境类型，即 $p= \{s; T\}$；第二，对命题真值的重新考量。自然语言语句所表达命题的真值不是一成不变的，相反，它常常随着相关情境的变动而变动。情境语义学解悖方案把"情境"作为考量自然语言语句所表达命题及其真值的重要参数，说谎句也不例外。在该方案看来，说谎句"λ：本命题不是真的"所表达命题不应被简单地记作 p，而需被刻画为与情境相关（设为 s）且内含情境要素的命题 $fs= \{s; [Tr, fs; 0]\}$；随着相关情境的变动，说谎句将表达不同的命题并具有不同的真值。例如，与任一实际情境 s 相关的说谎者命题 fs 假；当 fs 的假在一个新的情境 s_1（$s_1=s \cup \{<Tr, fs; 0>\}$）中被述说时，我们表达了一个新命题 Ps（$Ps= \{s_1; [Tr, fs; 0]\}$）且 Ps 真。在说谎句所表达命题的赋值过程中，的确存在真值对立，但这种对立并不存在什么问题，因为所谓的"真"和"假"反映的都是与不同情境相关不同的说谎者命题的真值，因此并不真正构成矛盾。

---

① 张建军：《科学的难题——悖论》，浙江科学技术出版社1990年版，第248页。

情境语义学解悖方案借助"情境"要素对说谎句所表达命题及其真值的刻画，表明其对悖论问题的研究，已经进入"语用"的层面。"就语用来谈语义"，从语用的视角和维度研究刻画说谎句语义的变动不居问题，从而达到消解说谎者悖论的目的，这一点是情境语义学解悖方案和传统解悖方案的一个重要差异。也正是这一差异的存在，使得情境语义学解悖方案具有被移植、扩充用于消解语用悖论（如认知悖论和合理行为悖论）的可能性。例如，美国学者孔斯在 1992 年出版的《合理信念与策略理性》一书中，就成功地运用情境理论来消解一种新型的逻辑悖论——合理行为悖论。

二　对悖论产生根源问题认识不同

悖论的消解不仅仅涉及形式的解决方案，还涉及一系列哲学问题。其中，悖论产生的根源问题是一个至关重要的问题。它对于悖论产生机制的说明，对于悖论问题的合理分析起着重要作用。

1. 传统解悖方案的认识

逻辑学常识告诉我们，一个推理只有当前提为真而且推理形式有效的情况下才能产生真结论；若一个推理的结论为假，则这个推理或前提不真或推理形式无效。由悖论的典型特征"矛盾互推"在经典逻辑的视野中必然为假的事实可知，悖论的产生或源于前提不真或源于推理形式无效（除非接受矛盾）。在悖论研究史上，绝大多数学者都把悖论产生的根源归于前者，对悖论产生的前提性假定进行了深入思考和研究。

塔尔斯基早在 20 世纪 40 年代就明确指出，说谎者悖论的得出有如下三个假定：

A. 构成悖论的语言是"语义封闭的语言"；

B. 通常的逻辑规律有效；

C. 在该语言中可以表述并且断言像"印在本页第×行的语句即

C"这样的经验前提。①

塔尔斯基虽然列出了导致说谎者悖论的三个前提性假定，但还不够完善。美国斯坦福哲学百科全书"说谎者悖论"辞条，对说谎者悖论由以建立的前提假定做了进一步的阐释：

①T公式：一个陈述句是真的，当且仅当其所言是事实。如语句"雪是白的"是真的，当且仅当雪是白的。

②任一陈述句"S"所言内容是 S。也就是说，"S"与 S 的内容相同。

③说谎句是一个合法的陈述句。

④一个陈述句或真或假。

⑤通常的命名惯例成立以使"本语句不是真的"中的"本语句"指称整个句子，即指称"本语句不是真的"。

从罗素、塔尔斯基、克里普克等提出的解悖方案来看，他们都把解悖的重点放在说谎者悖论由以产生的前提性假定上，并且也都把对其中一个或几个前提性假定的破斥当做解悖的突破口。罗素认为，悖论产生的根源在于"自我指称"，他试图通过对前提性假定③和⑤的否定来消解说谎者悖论；塔尔斯基对假定①、②、④和⑤都表示肯定，而把说谎者悖论产生的根源归咎于假定③，认为语言应该分层，对象语言的"真"必须在元语言中进行谓述。如果不把说谎句视为合法的存在而对它加以分层改造就能够在形式语言中避免悖论的产生；克里普克则主要把说谎者悖论产生的根源归于前提性假定④，并试图通过对假定④的否定，指出说谎句既不真又不假处于真值间隙状态来消解说谎者悖论。

赫兹伯格的素朴语义学方案试图在不改变逻辑规律即坚持通常的二值语义学的前提下"让悖论自己透露自己的内在原理"。在它看来，悖论性命题的真值变化不是无规则、杂乱无章的，而表现出一定的周期性（如在第一层次为真，第二层次为假，第三层次又为真，以致无

---

① 参见塔尔斯基《语义性真理概念和语义学的基础》，载 A. P. 马蒂尼奇编《语言哲学》，商务印书馆 1998 年版，第 91 页。

穷)。由于自然语言的不完全性,如果在悖论性命题真值的周期发展
中截取某些阶段,就会导致矛盾。由此看来,该方案并不赞成悖论性
命题没有真值,恰恰相反,它认为悖论性命题有真值(真或假),只
是由于自然语言的不完全性,即自然语言的各个要素并不足以确定每
个语句的真值,使得悖论性命题的真值不固定,呈现出周期性的变
化。据此可知,赫兹伯格的素朴语义学方案没有否定说谎者悖论由以
产生的五个前提性假定,但它对前提④(一个陈述句或真或假)的认
识注入了新的内容。

　　应当指出,赫兹伯格对说谎者悖论产生根源问题的认识与克里普克
有一定的相似性,他们都对说谎者悖论由以产生的前提性假定④非常关
注,但二者又存在较大差异:克里普克方案否定了前提④,因为它主张
说谎句是无根基的,处于真值间隙状态;而赫兹伯格方案并没有否定前
提④,相反,它认为悖论性命题有真值(真或假),只是自然语言的不
完全性使得其真值不固定,呈现出周期性动态变化的特征。

2. 情境语义学解悖方案的认识

　　巴威斯和艾切曼迪借助"情境"要素来研究说谎者悖论的消解,
这使得其对说谎者悖论产生根源问题产生了一个新的认识。情境语义
学解悖方案承认前提性假定①和②,没有把说谎者悖论产生的根源归
结为悖论产生的前提性假定⑤("本语句"可以指称"本语句不是真
的"),也没有否定前提性假定③(说谎句是一个合法的陈述句)。这
是该方案与罗素方案、塔尔斯基方案认识上的不同。同时,情境语义
学解悖方案也没有把说谎者悖论产生的根源归结为前提性假定④(一
个陈述句或真或假),这使得它与克里普克的认识亦为不同。

　　在情境语义学解悖方案看来,说谎者悖论的产生与三个歧义相关
(参见第三章第五节)。第一,情境变动造成的歧义。随着相关情境的不
同,说谎句"λ:本命题不是真的"将表达不同命题并具有不同真值。
如果忽略情境,看不到情境变动导致的歧义,就会把说谎句所表达的不
同命题的"真"和"假"看做是矛盾的。第二,指示词 this 的歧义。说
谎句中的指示词 this 既可以是语义自返用法,又可以是指示性用法。对

应这两种用法，说谎句表达不同命题并具有不同真值。如果不能正确理解和把握 this 的歧义，就可能把上面两种用法下说谎句所表达的命题看做是相互矛盾的。第三，否定词的歧义。否定的说谎句（如"本命题不是真的"）和否认的说谎句（如"并非本命题是真的"）分别表达不同命题（肯定的说谎者命题和否认的说谎者命题）并具有不同真值。如果不能正确理解和把握否定词的含义，不能正确地区分"否定"和"否认"，就会把肯定的说谎者命题和否认的说谎者命题看做是矛盾的。基于上述分析可以看出，情境语义学解悖方案完全承认说谎者悖论由以产生的五个前提性假定，但却反对对前提性假定④（一个陈述句或真或假）作静态的僵化的理解。在罗素型解释和奥斯汀型解释的对比分析中我们看到，说谎者的罗素型解释正是由于对命题及其真值的静态和僵化理解，导致了"第二类事实"的产生；而引入"情境"要素，通过对命题及其真值进行动态、精致考察的奥斯汀型解释则避免了罗素型解释的如上缺陷。

语境迟钝型解悖方案的主要代表——赫兹伯格在其"素朴语义学"方案中，曾经正确地揭示了悖论性命题真值变化的周期性（由真→假→真→假……，或由假→真→假→真……），但对说谎者命题真值交替变化的原因未给出精辟的分析，只是简单地以自然语言语义的不完全性作为回答。与之相比，借助"情境"要素，通过揭示说谎句在相关情境中所表达命题及其真值的变动来消解说谎者悖论的情境语义学解悖方案，则从根本上揭示了说谎者命题及其真值发生变化的缘由，因而更为深刻和彻底。

三 解悖方案的实质不同

不同的解悖思路，势必导致不同的解悖方案；而不同的解悖方案，势必表现出不同的性质，具有不同的特征。传统解悖方案与情境语义学解悖方案就是这样两种方案，它们在解悖方案的实质上具有较大的差异。

1. 传统解悖方案的实质

在谈到解悖要求时，罗素曾明确提出，悖论的消解必须具备三个条件，其中之一是"逻辑矛盾必须消失"；塔尔斯基认为，"通常的逻辑规律有效"这样的前提性假定，是解悖的出发点和着眼点。从这样的认识出发，罗素的"分支类型论"方案和塔尔斯基的"语言层次理论"不可避免地具有一个共同特征，即都试图在尊重经典逻辑的基础上解决说谎者悖论问题。当然，罗素的"类型论"方案和塔尔斯基的"语言层次理论"还具有另一个共同特征，即都没有从动态的角度来考虑说谎者悖论的消解。

与罗素、塔尔斯基不同，克里普克的"真值间隙论"方案没有刻意保留经典逻辑的有效性，而是力图通过对自然语言语句真值的动态刻画来解决说谎者悖论问题。克里普克在引进"三值"逻辑（真、假、真值间隙）的基础上来研究说谎者悖论的消解。他提出了"有根基性"概念，认为一个语句是有根基的，当且仅当能够通过一定的程序断定其真值，并在此基础上，对真值谓词的动态变化给予了严格的形式化刻画。克里普克的结论是，说谎句无论通过怎样的方法都无法获得确定的真值，因此它是无根基的，既不真又不假，处于真值间隙状态。

赫兹伯格的"素朴语义学"方案在坚持二值语义学的基础上揭示了悖论性命题"由真→假→真→假……"或"由假→真→假→真……"的周期性变化，指出由于自然语言的不完全性，悖论性命题虽然有真值（真或假），但并不固定。显然，在尊重经典逻辑的有效性方面，该方案与罗素方案、塔尔斯基方案具有共同性，但在悖论性命题真值的动态性变化的认识上，其间存在本质性差异。

应该指出，克里普克和赫兹伯格对自然语言语句真值的动态刻画，在一定程度上揭示和反映了自然语言语义的动态研究在说谎者悖论消解过程中的重要意义，但二者始终没有把语用的因素考虑进来。

2. 情境语义学解悖方案的实质

笔者认为，情境语义学解悖方案对说谎者悖论的消解具有两个鲜明的特征：其一，保留了经典逻辑的有效性。情境语义学解悖方案表明，与任一实际情境 s 相关的说谎者命题 fs 假，但 fs 的假仅从相关实际情境 s 中被对角线划出，即它不能是与这个命题相关的特定情境的特征，而仍然是存在于世界中的一个事实。这就避免了罗素型解释所面临的困难：说谎者的假应是世界中的一个事实，但又不能存在于这个世界中，否则会导致悖论，从而既坚持了世界的融贯性，其中的每一个命题或真或假；又保留了世界的完整性，说谎者为假的事实不必被划到现实世界之外。事实上，巴威斯和艾切曼迪早在提出情境语义学解悖方案之初，就表达了在尊重经典逻辑的基础上解悖的愿望，他们希望语义悖论的消解，能够像集合论悖论那样"使得正常情况下的事情仍能照常进行"。情境语义学解悖方案所具有的这一特征，使得它与克里普克的"真值间隙论"方案具有质的不同。

其二，是从语用角度进行的动态消解。"情境"是认知主体选择的现实世界的一部分，是类似于"语境"的一个语用概念。情境语义学解悖方案以"情境"为参量来揭示和刻画自然语言语句所表达命题及其真值的动态变化，它表明，与任一实际情境 s 相关的说谎者命题 fs 假，但"fs 的假"不存在于 s 中（fs 的假被对角线划出了 s）；当 fs 为假的事实在新情境 s_1 中被陈述时，我们表达了与 s_1（$s_1 = s \cup \{< Tr, fs; 0 >\}$）相关的一个真命题 $Ps = \{s_1; [Tr, fs; 0]\}$。这里尽管存在着真值的对立，但并不构成矛盾，因为其中的"真"和"假"反映的是与不同情境相关的、不同说谎者命题的真值。总之，随着相关情境的变化，说谎句势必表达不同命题并具有不同真值，如表 1 所示。

表1

命题	真值	
$fs = \{s; [Tr, fs; 0]\}$	假	
$Ps = \{s_1; [Tr, fs; 0]\}$		真
$fs_1 = \{s_1; [Tr, fs_1; 0]\}$	假	
$Ps_1 = \{s_2; [Tr, fs_1; 0]\}$		真
$fs_2 = \{s_2; [Tr, fs_2; 0]\}$	假	
$Ps_2 = \{s_3; [Tr, fs_2; 0]\}$		真
……	……	

在这里，一个显然的事实是，"情境"要素对说谎者命题及真值产生着重要影响，正是相关情境的变动，使得说谎句表达不同的命题，呈现出真值交替变化的状态。情境语义学解悖方案从语用角度对说谎者命题及其真值所作的动态刻画和精致分析，与传统解悖方案之间存在根本性差异：罗素和塔尔斯基都没有从动态的角度考虑解悖，而克里普克和赫兹伯格虽然看到说谎者命题之真值的动态变化，但均没有引入语用要素解悖。

四　解悖结果不同

解悖思路、解悖方案的不同，使得传统解悖方案和情境语义学解悖方案在解悖结果方面也产生了较大差异。

由于解悖结果的衡量需要借助一定的标准，所以，我们需要首先确立解悖标准。自古老的说谎者悖论提出之后，热衷于悖论研究的许多学者都对解悖标准问题进行过探讨。罗素在《我的哲学的发展》中，提出了能令人满意地解决悖论的三个必要条件；策梅罗在《集合论基础研究 I》中，提出了关于解悖范围的两个要求；苏珊·哈克在《逻辑哲学》中也提出了有关解悖的两个要求和两个原则。张建军先生综合这三者并把它们概括为 RZH 标准。概而言之，RZH 标准的内容主要包括三个方面：足够狭窄性、充分宽广性和非特设性。[①] 足够狭窄性和充分宽广性合起来是关于解悖范围的要求，如哈克概括的那样，一个解悖方案既不应过于宽泛以至于损伤我们必须保留的推论，又应充分地宽泛到足以阻止所有相关的悖论性论证。非特设性要求一种解悖方案能够给出排除悖论之外的哲学解释，它表明，除了能给出一个一致的形式理论外，一个令人满意的解悖方案还必须能在哲学上证明这一理论的正当性，那些只有形式技术分析但缺乏哲学论证的方案是不能令人满意的。

当然，也有学者提出的标准与 RZH 标准相左。例如，冯·赖特对"非特设性"要求持有不同见解。他认为，"矛盾律和排中律是思

---

① 张建军：《逻辑悖论研究引论》，南京大学出版社 2002 年版，第 35 页。

维的基本规律和最高准则"。"假如使用某个短语或词去表示、指称某个事物导致矛盾，这就是不能如此使用这个词或短语的理由；假如从某个悖论性语句或命题能够推出矛盾，这就是该语句或命题不成立的理由。"① 笔者认为，冯·赖特只是通过简单禁止的方法来避免悖论的产生，至于悖论产生的根源是什么则不要求给出说明。就此而言，在要求解悖的同时又给出悖论产生根源的 RZH 标准更为合理；另一方面，就"逻辑激进主义"立场而言，RZH 标准比冯·赖特标准更具优势，因为任何激进主义系统"均因其'系统'性而不可能彻底拒绝相容性要求，必然采取某种'亚相容性'标准，因而必然可适用 RZH 标准的某种推广形式"。②

　　RZH 标准的确立为各种解悖方案的评估提供了重要的元方法论工具。下面以之为准绳对传统解悖方案和情境语义学解悖方案进行分析。

1. 传统解悖方案：未能合理解悖

　　传统解悖方案的主要代表，无论是罗素的分支类型论方案、塔尔斯基的语言层次理论，还是克里普克的真值间隙论解悖方案，或在狭窄性方面或在宽广性方面或在非特设性方面具有一定的缺陷，因而均没有合理地解决悖论问题。

　　罗素的分支类型论方案通过禁止自我指称或循环来消解悖论，一方面限制得过宽，"因一时气愤而伤害了自己"，日常语言中一些有意义的自指被不合理地拒斥，在充分宽广性方面不能令人满意；另一方面，又没有给出除阻挡悖论之外的理由，在非特设性方面也不能令人满意。塔尔斯基的"语言层次理论"尽管不禁止自指或循环，但却需要通过给语言分层的办法来消解悖论。这种方案尽管能够避免形式语言中的悖论，但却不能解决自然语言中的悖论问题，因为把对形式语言的分层移植到自然语言中的做法严重违反直觉，具有强烈的特设性

---

① 转引自陈波《逻辑哲学导论》，中国人民大学出版社 2000 年版，第 243 页。

② 张建军：《逻辑悖论研究引论》，南京大学出版社 2002 年版，第 35 页。

或人为性，实际上既不合适也行不通；克里普克的真值间隙论解悖方案一方面不能满足足够狭窄性的要求，在消解普通的说谎者悖论的同时又产生出强化的说谎者悖论，因此是"刚逃出油锅又跳进火坑"；另一方面不能满足非特设性要求，正如克里普克本人所说，"必须上升到一个元语言或许是本理论的一个缺点。塔尔斯基层次的幽灵依然与我们同在"。① 赫兹伯格的"素朴语义学"方案具有非特设性的倾向，它不赞成采用压制或排除的方法而试图通过观察悖论的自发产生来说明悖论问题。该方案正确地揭示了悖论性命题之真值的周期性变化，但却没有发掘出导致这种周期性变化的因素，因此，其对说谎者悖论问题的哲学解释和说明还不够深刻和彻底，"在悖论性命题真值周期性展开的某些赋值阶段，任意截取一段都会导致矛盾"，诸如此类的认识表明该方案还没有准确把握和反映隐藏在悖论（矛盾）背后的直觉。

2. 情境语义学解悖方案：能够达到 RZH 解悖标准的要求

　　借助"情境"要素，基于对说谎句所命题及其真值的语用动态刻画，情境语义学解悖方案表明，说谎者悖论中所包含的"矛盾"实际上曲解了与不同情境相关的不同的说谎者命题的真值。忽略"情境"，从抽象的角度看，确实存在着矛盾和真值对立；但是，一旦考虑到与语句的意义和真值密切相关的"情境"，原先所谓的矛盾便不复存在——不同说谎者命题之间的真值对立不会产生任何问题。情境语义学解悖方案借助"情境"对自然语言语义的本真状态的考察和动态语用的分析，使得该方案避免了传统解悖方案的缺陷，既不像罗素的分支类型论方案那样，"因一时气愤而伤害了自己"，也不像克拉普克的真值间隙方案那样，"刚逃出油锅又跳进火坑"，不仅能够满足足够狭窄性要求，而且能够满足充分宽广性要求。近年来，情境语义学解悖方案还被进一步用来解决一系列语用悖论，如孔斯在 1992 年出版的《信念悖论与策略理性》

---

① Saul Kripke，"Outline of a Theory of Truth"，in Robert L. Martin（ed.）. *Recent Essays on Truth and the Liar Paradox*，Claredon Press，1984，p. 80.

一书中，就成功运用情境理论来消解一种新型的逻辑悖论——合理行为悖论（Doxic Paradox）。① 这一点，是情境语义学解悖方案优于语境迟钝型解悖方案的一个重要标志：由于不考虑语用因素，语境迟钝型解悖方案显然无法扩充至语用悖论的消解。

情境语义学解悖方案能够满足非特设性要求。非特设性是有关解悖方案的哲学解释，在 RZH 标准所涵盖的三个要求中，这一要求往往争议较大。笔者认为，情境语义学解悖方案的非特设性主要表现在两个方面：第一，并非为解决悖论问题专门构造。就非特设性要求而言，罗素主要反对的是只为解决悖论问题而专门构造出来的方案。他说，"我很佩服这些体系的巧妙，但是我无法认为这些体系能够令人满意，因为这些体系好像专是为此构造出来的，就是一个最巧妙的逻辑学家，如果他不曾知道这些矛盾，也是想不到这些体系的"。② 从情境语义学解悖方案的产生来看，它确实并非为解决悖论问题专门构造出来的。巴威斯早在 1981 年就提出了有关情境语义学的观点，1983 年出版了《情境与态度》这一情境语义学的开山之作，重点考察和研究了自然语言的意义问题。直到 1985 年，巴威斯和艾切曼迪才以情境为工具来研究说谎者悖论。第二，从自然语言的本真状态出发考察说谎者命题及其真值，实现了说谎者悖论的消解。克里普克在《真理论纲要》中指出，塔尔斯基的语言层次理论不适于分析自然语言，要解决自然语言中的语义悖论问题，必须把思路倒转过来，回到自然语言中，考察"本真状态上的即先于哲学家的语义学反思的自然语言"，并为之建立一种相容的语义学理论。情境语义学解悖方案正是通过对自然语言本真状态的回归和研究，对说谎者悖论的产生给予了深刻的哲学解释和说明，明确指出说谎者悖论产生的根源与情境变动造成的歧义、说谎句中指示词的歧义和否定词的歧义相关，表明将不同情境中自然语言语句表达命题的真值，或者说，将运动变化的自然语言语句

---

① Robert C. Koons, *Paradoxes of Belief and Strategic Rationality*, Cambridge University Press, 1992, p. 136.

② 伯特兰·罗素：《我的哲学发展》，温锡增译，商务印书馆 1982 年版，第 70 页。

表达命题的真值凝固起来、静态地描述就必然要导致悖论的产生，而要合理地解决悖论问题，就必须还"悖论性语句"的本来面目，动态地揭示其真值的变化。唯有如此，原来被称为悖论性的语句才不再导致悖论。情境语义学所给出的这些分析和认识，使得该方案能够避免特设性的指责，成为悖论研究史上第一个满足 RZH 标准的解悖方案。

总之，传统解悖方案，无论罗素的"类型论"方案、塔尔斯基的"语言层次理论"，还是克里普克的"真值间隙论"方案、赫兹伯格的"素朴语义学"方案，由于没能合理地指出说谎者悖论产生的根源，因而都面临着不同程度的困难和问题。与之相比，情境语义学解悖方案不仅深刻揭示了说谎者悖论产生的根源，而且较为合理地消解了说谎者悖论，因此比传统解悖方案更具优势。

第二节　情境语义学解悖方案与次协调
逻辑解悖方案比较研究

次协调逻辑是 20 世纪后半叶兴盛起来的一种非标准逻辑。在有关悖论研究的诸方案中，次协调逻辑解悖方案可谓颇具特色：从悖论研究史的角度看，无论是罗素的类型论方案，还是塔尔斯基的语言层次理论都以尊重经典逻辑的不矛盾律为根本前提；从当代西方悖论研究所形成的三大分支来看，语境敏感型解悖方案以及语境迟钝型解悖方案的许多主张者，都力图捍卫不矛盾律的普遍有效性。与所有这些方案不同，次协调逻辑解悖方案直接把矛头指向不矛盾律，公然否认它的普遍有效性，并由此提出了把悖论中所包含的矛盾视为"真矛盾"，接受矛盾、容忍悖论的解决方案。有学者指出，"次协调逻辑关于矛盾和悖论问题有一整套独特而深刻的见解，是不容忽视的。"[①] 还有学者认为，"在最近这些年，在为语义悖论和集合论悖论提供一个

---

① 桂起权：《次协调逻辑的悖论观》，《安徽大学学报》1992 年第 1 期，第102 页。

充分的逻辑解释的斗争中，dialetheism（次协调逻辑解悖方案的基础理论——引者注）由一个易被击败的对手变成了一个主要的竞争对手。"①

　　情境语义学解悖方案与次协调逻辑解悖方案有哪些不同？本节试图对这两种解悖方案的比较研究回答上述问题。这两种解悖方案的比较研究主要涉及四个方面，分别是：对悖论中所包含矛盾的认识、解悖思路、对悖论产生根源问题的认识和解悖结果。在比较研究的过程中，本节还将就"真矛盾"与逻辑矛盾、辩证矛盾的关系问题展开分析。

一　对悖论中所包含的矛盾认识不同

　　矛盾问题是悖论研究中的一个关键问题，它直接关系着悖论的消解。对于悖论中所包含的矛盾，中国学者有六种不同的观点：一是认为悖论中所包含的矛盾是逻辑矛盾；二是认为悖论中所包含的矛盾是特殊的逻辑矛盾；三是认为悖论中所包含的矛盾是辩证矛盾；四是认为悖论所包含的矛盾是特殊的辩证矛盾；五是认为悖论中所包含的矛盾既不是逻辑矛盾，又不是辩证矛盾，而是思维领域的第三类矛盾；六是认为悖论中所包含的矛盾既是逻辑矛盾又是辩证矛盾。② 次协调逻辑解悖方案、情境语义学解悖方案如何认识悖论中所包含的矛盾？二者对这一问题的见解有何差异？与中国学者的观点关系如何？下面展开讨论。

1. 次协调逻辑解悖方案：悖论中包含的矛盾是有意义的矛盾（"真矛盾"）

　　次协调逻辑学派一改两千多年来学界对不矛盾律的主流认识，指

---

　　① Roy Cook, "A Review on *The Law of Non-Contradiction*：*New Philosophical Essays*", http：//ndpr. nd. edu/review. cfm？ id＝3941，2005.

　　② 赵总宽主编：《逻辑学百年》，北京出版社 1999 年版，第 380～382 页。

出"不矛盾律只是个空中楼阁，它缺乏理性的依据。仅仅根据历史而坚持它，是教条主义的一种表现"。"事实上，（一些）矛盾完全可以为真"。① 次协调逻辑学者对经典逻辑中的基本规律——不矛盾律的认识，表明他们对矛盾问题存在着不同的见解。

次协调逻辑学派认为，矛盾应该被区分为两种类型：为经典逻辑所不容的矛盾和为一切逻辑所不容的矛盾。为一切逻辑所不容的矛盾是无意义的（non-trivial），是爆炸性的，从它可以衍推出任何命题而使得一系统中的任一命题都可成为定理，故必须排除；仅为经典逻辑所不容的矛盾，是"有意义的矛盾"（trivial），是非爆炸性的，在次协调逻辑系统内可以合法地存在并且不会扩散。在次协调逻辑学者看来，说谎者悖论中所包含的矛盾就属于"有意义的矛盾"。

普利斯特 1979 年在《悖论逻辑》一文中进一步把悖论中所包含的矛盾界定为"真矛盾"。他认为，语句可以分为三种类型：单真语句（真而非假）、单假语句（假而非真）、悖论性语句（既真又假），其中，悖论性语句又可称为"真矛盾"语句。1981 年普利斯特和娄特雷用"达亚列细亚"（dialetheia，两方面都真，a two-way truth）指称"真矛盾"。在他们看来，一个"达亚列细亚"就是一个"真矛盾"，意即：陈述 A 和它的否定（negation）"¬A"都是真的；相应地，"达亚列细亚理论"［dialeth（e）ism］被用来指称"存在真矛盾"这样的观点。自指悖论、芝诺的"飞矢不动"悖论、特定法律情境中的冲突以及模糊谓词的"亦此亦彼"等都是"达亚列细亚"（"真矛盾"）的重要例证，其中说谎者悖论更是一个典型例证。②

普利斯特 1998 年在美国《哲学杂志》上发表的《矛盾错在哪里》一文，继续丰富了"真矛盾"理论。在他看来，人们之所以视"矛盾"为洪水猛兽，主要出于以下几种考虑：矛盾衍推一切；矛盾

---

① Graham Priest, "What is so bad about contradictions", *The Journal of Philosophy*, 1998, vol. 95, p. 410.

② 参见斯坦福哲学大百科全书 dialetheism 辞条，网址 http：//plato. stanford. edu/entries/dialetheism。

不能为真；矛盾不能被合理地相信；如果矛盾被接受的话，将没有人能合理地受到批评；如果矛盾被接受的话，人们将不能否定任何东西。普利斯特深入地论证了上述五种观点的不合理之处，指出（一些）矛盾完全可以为真。2004 年普利斯特和比奥、阿莫—伽博编辑出版的《不矛盾律：新哲学论文》一书，收录了普利斯特的《矛盾错在哪里》，此外还编辑了 22 篇颇有分量的论文，再次讨论了"真矛盾"问题。

　　从历史的角度看，中国学者的研究视域中并没有"真矛盾"这样的概念。为了准确地理解"真矛盾"，有必要将它和我们常说的逻辑矛盾、辩证矛盾进行比较研究。稍加分析不难看出，"真矛盾"不同于逻辑矛盾，因为通常意义上的逻辑矛盾必须予以排除、加以修正，而"真矛盾"属于有意义的矛盾，可被人们所接受和容纳。其次，"真矛盾"也不同于辩证矛盾。虽然在"真矛盾"的解释过程中，普利斯特等有把"真矛盾"看做辩证矛盾的倾向：例如，在谈到哲学史上的达亚列细亚理论时，他们不仅提到了古希腊哲学家赫拉克利特的著名论题"人不能两次踏进同一条河流"，提到了黑格尔、马克思和恩格斯，而且认为达亚列细亚理论在东方哲学中比西方哲学中更常见，中国的道家学说和"禅"等都是达亚列细亚理论的历史例证；此外，从普利斯特等创造的新名词 dialetheism、dialetheia 来看，它们与 dialectic 具有相同的词根。但是，从根本上讲，"真矛盾"不同于辩证矛盾。首先，二者的性质不同。辩证矛盾反映的是事物内部对立面之间的关系，是事物内部对立的双方既相互依存、相互转化，又互相排斥、互相斗争的关系；而一个"真矛盾"，即陈述 A 和它的否定¬A 都是真的，无法彰显对立双方的排斥斗争、依存转化关系。其次，二者的范围不同。辩证矛盾普遍地存在于自然界、人类社会和思维领域中，"无处不在，无时不有"；而次协调逻辑却将"真矛盾"当做一种异常的然而不得不承认的局部事实，在哪里出现了悖论，才在哪里承认有矛盾。最后，承认辩证矛盾并不意味着不矛盾律的失效："现实的客观的辩证法应当在合乎逻辑的，即在不破坏形式逻辑的基本规律的各种概念中来表达。"① 而"真矛盾"理论的出现恰恰是对不矛盾律的挑战和否定。

2. 情境语义学解悖方案：悖论中所包含的矛盾是特殊的逻辑矛盾

情境语义学解悖方案没有直接谈及悖论中所包含的矛盾问题，但其对说谎者悖论的消解表明，悖论中所包含的矛盾既不是辩证矛盾，又不是次协调逻辑学派所说的"真矛盾"，同时也不是普通的逻辑矛盾。

由于思维领域的辩证矛盾是对客观世界的真实反映，因此，研究辩证矛盾的目的不在于消解其中的一方，或者说，对一个辩证矛盾而言，根本就用不着消解；而情境语义学解悖方案的根本目的就在于借助"情境"，消解矛盾，排除悖论。从这一点看，情境语义学解悖方案视野下的矛盾与辩证矛盾不同。其次，情境语义学解悖方案对悖论中所包含矛盾的理解与次协调逻辑学派也有根本的不同，原因在于：第一，前者力图排除悖论中所包含的矛盾，而后者承认悖论中所包含的矛盾为真；第二，在情境语义学解悖方案中有这样的结论：一个句子 φ 在罗素型语义学中是固有的悖论性的，仅当 φ 和 ¬φ 在奥斯汀语义学中假。说谎句就具有这样的特性，它在罗素型语义学中是固有的悖论性的，在奥斯汀语义学中所表达命题及其否定命题都假。这和次协调逻辑学派的所说的"真矛盾"显然不同，因为"真矛盾"意指陈述 A 和它的否定（negation）"¬A"都是真的。再次，从情境语义学解悖方案的角度看，悖论中所包含的矛盾不同于普通的逻辑矛盾。为说明这一点，我们先来分析普通的逻辑矛盾与悖论中所包含矛盾的差异，然后从情境语义学解悖方案出发探究其对悖论中所包含矛盾的认识。众所周知，在经典逻辑的视野中，具有逻辑矛盾关系的命题必有一假，人们完全可以通过指出其中某一命题的假来断定另一个命题的真，逻辑矛盾由此被破斥；而悖论中所包含的矛盾却不具有这样的特

---

　　① A. M. 莫斯杰巴宁柯：《宏观世界、巨大世界和微观世界的空间和时间》，中国社会科学出版社 1985 年版，第 144 页。

性，我们不能轻易地指出其中某一命题为假来达到破斥悖论的目的。事实上，人们根本无法断定 p 或非 p 何者为假，因为导致悖论的矛盾双方是被"同等有力地证明"为真的。这意味着试图通过肯定一个而否定另一个来排除悖论中矛盾的做法，在经典逻辑的视野中既行不通也不可能。除非我们改变某些条件或某些观念，悖论的消解才成为可能。情境语义学解悖方案借助"情境"要素，对语句所表达命题及其真值所做的动态考察和精致刻画，正是突破了经典逻辑的视野，才实现了对说谎者悖论的消解。从情境语义学解悖的角度看，说谎者悖论中所包含矛盾与普通的逻辑矛盾一方面具有相似性而另一方面又具有相异性：说谎者悖论中所包含的矛盾产生于经典逻辑的视野，可以和普通的逻辑矛盾具有相同的表达形式（$p \wedge \neg p$）；但是，说谎者悖论中所包含矛盾的消除又必须要借助"情境"要素，通过说谎句所表达命题及其真值的动态考察才能完成。与普通逻辑矛盾的相似性与相异性表明，说谎者悖论中的矛盾具有一定的特殊性，界定为特殊的逻辑矛盾显然更为合理。

　　基于上述分析可以看到，情境语义学解悖方案与次协调逻辑解悖方案对悖论中所包含矛盾的认识完全不同。事实上，"真矛盾"概念可以说是西方特殊历史背景下的产物。从西方学术研究的传统看，形式派在整个西方是实力雄厚的。自古及今，历来都有众多的学者承认逻辑矛盾，而对辩证法持否定态度。德国哲学家伊•哈特曼曾以"辩证法违背矛盾"为口实，猛烈攻击辩证法，把它说成是"病态的精神困惑"。[①] 波普尔指出，"千万不要认可一种矛盾"。"如果我们准备容忍矛盾，那么批判以及一切人类智力的进步都必定同归于尽"。[②] 西方自然科学工作者和逻辑学研究者对辩证法思想的隔膜，使得辩证矛盾一直被其视为"异物"。当发现悖论中所包含的矛盾不同于普通的逻辑矛盾时，次协调逻辑学派才构想并提出了一些矛盾为真的见解。在

---

① 桂起权：《开放、客观、求真》，《哲学研究》1993 年增刊，第 171～172 页。

② 波普尔：《猜想与反驳》，上海译文出版社 1986 年版，第 452 页。

笔者看来，次协调逻辑学派对"真矛盾"概念的认识尚需进一步推敲。例如，普利斯特等在阐述达亚列细亚理论时，把古希腊著名哲学家赫拉克利特的"人不能两次踏进同一条河流"当做该理论的一个历史例证。由此可以推断，"人不能两次踏进同一条河流"这一论证中所包含的矛盾与一个陈述 A 及其否定"┐A"之间存在的矛盾，在普利斯特看来是相同的，并且二者都是"真矛盾"。然而，按照马克思主义哲学的观点，"人不能两次踏进同一条河流"恰恰揭示的是一个辩证矛盾，它反映了不同的时间、地点、条件下事物的运动、变化和发展；而一个陈述 A 及其否定"┐A"之间存在的矛盾却包括普通的逻辑矛盾。普利斯特把这二者都归属到达亚列细亚理论名义下的做法，表明他并不能正确地区分辩证矛盾和逻辑矛盾。正如张建军先生所说，次协调逻辑学派并"不了解辩证矛盾的真实含义"，这"使得他们的系统并未体现出真正的辩证精神"。①

二　解悖思路不同

1. 次协调逻辑解悖方案：接受矛盾，容纳悖论

在次协调逻辑学派看来，悖论是带有矛盾结论的可靠论证。要否定结论的真，就必须否定每一个悖论性论证的可靠性。但只做到这一点是不够的，还必须对以下几个问题作出合理说明：第一，该论证在何处失败，并接受由此而来的所有结论；第二，不正确性产生的根源，并且要以不回避问题且一致的方式解释其错在何处；第三，还要解释为什么一个不正确的原则在最初却被认为是合理的。② 然而，从已有的消解方案来看，没有一种方案能够满足这几方面的要求："没有人能够很轻松地指出悖论中包含着什么错误，"能使我们在这种错误出现时"从可接受的论证和定义中排除这种错误"。在次协调逻辑

---

① 张建军：《不相容逻辑与"矛盾"理论》，《河北学刊》1989 年第 6 期，第 48 页。

② Graham Priest, Richard Routley, Jean Norman, *Paraconsistent Logic：Essays on the Inconsistent*, Philosophia Verlag Gmbh, München, 1989, p. 505.

学派看来，最近几十年，尽管人们为解决悖论问题所花费的精力比逻辑史上任何时候都多，但几乎所有已知的对悖论的"解决"都没有成功。因此，要解决悖论问题似乎必须彻底改变思维方式，接受矛盾、容纳悖论。普利斯特断言，"最终人们将可能看到，试图解决悖论的方案开始消失——因为这种方案虽然听起来合理，但却永远不能真正解决悖论问题"。相反，"只有把悖论中所包含的矛盾看做真矛盾并接受悖论（而不是试图找出悖论性论证中所包含的错误），才会在悖论研究方面有所进展，才能解决许多有趣的技术和哲学问题"。① 可见，次协调逻辑学派对于悖论的"消解"，其实是"不解之解"。从这个意义上讲，称之为"解悖"方案并不十分恰当和准确。

2. 情境语义学解悖方案：参照情境，化解矛盾

与接受矛盾、容纳悖论的次协调逻辑解悖思路具有质的不同，情境语义学解悖方案试图借助"情境"，通过对语句所表达命题及其真值的动态刻画实现说谎者悖论的消解。在情境语义学解悖方案看来，语句所表达命题及其真值始终与情境相关，说谎句也不例外。这样，与任一实际情境 s 相关的说谎句所表达命题不是 p 而应为 fs（fs＝ $\{s;$ $[Tr, fs; 0]\}$）。可以证明：与 s 相关的说谎者命题 fs 假，但 fs 为假的事实必被对角线划出 s，也就是说，包括 fs 为假事实的相关实际情境必不是 s；当 fs 为假的事实在另一个实际情境 $s_1＝s \cup \{<Tr, fs;$ $0>\}$ 中被述说时，我们表达了一个不同的命题 $Ps＝\{s_1;$ $[Tr, fs;$ $0]\}$，由于$<Tr, fs; 0>\in s_1$，因此 Ps 真。进一步，随着相关情境的变动，可以建立与不同情境相关从而具有不同真值的说谎者命题层系，如第三章所表明的 fs_i 层系和 Ps_i 层系。在这一过程中，说谎者命题的确具有相反的真值，要么为"真"要么为"假"；但稍加分析不难看出，这些具有相反真值的命题其实并不构成矛盾，因为所谓的"真"和"假"反映的是与不同情境相关的不同的说谎者命题的真值。这就

① Graham Priest, Richard Routley, Jean Norman, *Paraconsistent Logic：Essays on the Inconsistent*, Philosophia Verlag Gmbh, München, 1989, p. 510.

好比一个人站在北边说"商店在学校的左边"，而另一个人站在南边说"学校在商店的右边"，从抽象的角度看，这两个论述相互矛盾，但只要揭示其视角的差异就完全可以看到，二者实际上并不矛盾。

三　对悖论产生根源问题认识不同

从历史的角度看，对于悖论的消解大致有三个途径：一是指出相关的前提假定有问题；二是表明推理过程不正确；三是认为前提假定和推理过程都没有问题，解悖的关键是要改变观念、接受矛盾，这样悖论自然也就"不解而解"。次协调逻辑学派以接受矛盾、容纳悖论的方式来处理悖论，采纳的正是第三条道路。之所以选择这样的做法，除了认为悖论问题尚无人能够合理解决外，一个重要的原因在于他们认为悖论的产生是不可避免的。至于悖论为何不可避免，次协调逻辑学派的回答似乎并不一致。例如，普利斯特通过对哥德尔不完全性定理和塔尔斯基语义真理论的考察发现，以往的公理化形式系统不能完全刻画日常素朴的证明程序。因为有形式系统中不可证的语句可以用素朴的推理加以证明，因此，关于素朴证明的正确的、具有语义完全性的形式系统，使用的必是语义封闭的语言，相应地构建的系统也就是语义封闭的系统，从而不可避免地包含悖论。再如，雷歇尔和布兰登认为：从本体论上讲，世界自身很可能是不相容的；从认识论上讲，人的认识具有分割性或离散性；认识主体的单一性要求与认识客体的多样性之间的矛盾是悖论产生的根源。① 显然，普利斯特对悖论产生根源问题的认识与塔尔斯基具有一定的相似之处，他们都没能合理地解释说谎者悖论的成因。雷歇尔和布兰登的认识具有一定的合理性，但也具有一定的局限性，正如郑毓信教授所说，他们未能合理地区分真实世界和观念世界——其所说的本体论事实上仅仅是指标准或非标准的可能世界而非真实世界，未能对客观事物的辩证性作出明确的断言，因此，其关于悖论实质及认识根源的分析就不可能是十分

---

① 赵总宽主编：《逻辑学百年》，北京出版社1999年版，第358页。

深刻的。①

　　说谎者悖论产生的根源问题是情境语义学解悖方案颇为关注的一个问题。通过对语句所表达命题及其真值的考察，情境语义学解悖方案深入探讨了说谎者悖论产生的根源问题（在第三章第五节我们已做了较为详细的说明，这里简单地加以概述）。在它看来，说谎者悖论的产生与三个歧义相关：第一，情境变动造成的歧义。语句所表达命题及其真值与情境密切相关，说谎句（如"本命题不是真的"）也不例外。基于不同的情境，说谎句表达不同的命题并具有不同的真值。忽略情境，从抽象的角度看，说谎者命题所具有的相反真值似乎构成矛盾；但是，一旦考虑到情境要素就会发现，所谓的"真"和"假"其实隶属于不同的说谎者命题，因此并不构成矛盾。正如德福林所说，"一旦弄清语句出现的脉络之后，说谎者悖论便不再是悖论，就如同美国人认为六月是夏天、澳洲人却认为六月是冬天，但两者之间并没有真正的冲突一样"。② 第二，说谎句中所包含的指示词"this"的歧义。"this"既可以语义自返的方式被使用，亦可以指示性方式被使用。如果不能合理地区分"this"的这两种用法，就不能正确地认识这两种用法下说谎句所表达的命题及其真值对立［类似说谎句"λ_1：本命题不是真的"和"λ_2：那个命题不是真的"（其中"那个命题"指称 λ_1 所表达命题）的真值对立］。第三，否定词的歧义。从经典逻辑的角度看，否定和否认没有太大分别，完全可以进行等值替换。但是，从说谎者悖论的角度看，如果不能合理地区分否定和否认，就不能正确地认识"肯定的说谎者命题"和"否认的说谎者命题"及其在真值上的对立（参见第三章第五节）。总之，说谎者悖论的产生与如上三个歧义密切相关，对其中任何一个因素的曲解都可能导致悖论的产生。

---

　　① 　郑毓信：《现代逻辑的发展》，辽宁教育出版社 1989 年版，第 305～306页。

　　② 　德福林：《笛卡儿，拜拜》，李国伟、饶伟立译，（台北）天下远见出版社2000 年版，第 330～331 页。

四　解悖结果不同

对于已经认定悖论中所包含矛盾是"真矛盾"的次协调逻辑学派来说，在自身所构造的逻辑系统中一个很自然的做法便是接受矛盾、容纳悖论。下面以普利斯特构造的次协调逻辑系统为例分析其对悖论的处理。

普利斯特于 1979 年建立的悖论逻辑系统 LP，是直接运用次协调逻辑来解决悖论的逻辑系统，然而这一系统未能很好地解决悖论问题。美国学者西蒙斯在 1993 年出版的《普遍性和说谎者悖论：论真和对角线论证》一书中，阐释了试图接受矛盾、容纳悖论的普利斯特系统所面临的困难。西蒙斯指出，在普利斯特看来，"A 是真的"和"A 是假的"真值条件可以被描述为：

表 2

A	A 是真的	A 是假的
T	T	F
P	P	P
F	F	T

这样，令 L 为一个说谎者命题，即 L：本命题不是真的，按照普利斯特对语句的分类可知，L 是悖论性的，它既真又假。（1）根据上面的真值表可以推出：L 是真的↔L，并且，L 是假的↔L，因此，"L 既是真的又是假的"等值于 L；因为"L 既是真的又是假的"是悖论性的，所以，"L 是悖论性的"是悖论性的。这就是说，"L 是悖论性的"这个断定自身也是悖论性的，故"L 是悖论性的"既是真的，又是假的。（2）再根据上述真值表，如果"L 是悖论性的"是真的，那么 L 是悖论性的；如果"L 是悖论性的"是假的，那么 L 就不是悖论性的。西蒙斯由此断言，既然根据普利斯特所得出的结论应是：L 既

是悖论性的，又不是悖论性的，他又为何只断定 L 是悖论性的呢？这显然是不合理的。西蒙斯的最终结论是："普利斯特所付出的代价对我来说太高了：我们不愿我们关于真理论的语言被悖论和不协调性所感染。"①

西蒙斯对普利斯特系统的分析显然只揭示了次协调逻辑方案的一个特点，即否定了不矛盾律的普遍有效性；事实上，通过接受矛盾、容纳悖论的方法来处理悖论问题的次协调逻辑解悖方案还具有另一个特点，即没有给出除阻挡悖论之外的其他理由；因此，若从 RZH 标准的角度看，该方案既不能满足"足够狭窄性"要求，又不能满足"非特设性"要求。情境语义学解悖方案在上述两个方面都与之不同，主要表现在：第一，可以满足足够狭窄性要求。情境语义学解悖方案的一个典型特征是保留了经典逻辑的有效性。巴威斯和艾切曼迪在解悖之初就明确指出，"一种悖论的适当分析，必须找出由悖论所暴露的问题的根源，才能使我们通过改进其所涉及的那些概念，使之归于融贯。但这样做必须使得正常情况下的事情仍能照常进行"。② 借助"情境"要素，通过对语句所表达命题及其真值的动态考察实现说谎者悖论消解的情境语义学解悖方案的确是实现了这一目标，既保留了世界的整体性，说谎者的假不必被划到这个世界之外，又保留了世界的融贯性，其中的每一命题或真或假（参见第三章第五节）。第二，能够满足非特设性要求。面对说谎者悖论，情境语义学解悖方案没有采取堵塞矛盾或是接受矛盾、容纳悖论的做法，相反，它借助与语句的表达密切相关的"情境"要素，通过对语句表达命题及其真值的动态考察，通过对说谎者命题及其真值的重新分析来诊断说谎者悖论产生的根源。在它看来，说谎者悖论的产生与三个歧义相关，分别是情境变动造成的歧义、指示词"this"的歧义、否定词的歧义。说谎句所表达命题既可为"真"亦可为"假"，但所谓的"真"和"假"体

---

① Keith Simmons, *Universality and The Liar：An Essay on Truth and The Diagonal Argument*, Cambridge University Press, 1993, p. 82.

② Jon Barwise & John Etchemendy, *The Liar：An Essay on Truth and Circularity*, Stanford University Press, 1987. p. 4.

现的都是与不同情境相关的不同说谎者命题的性质，因而并不构成矛盾、产生悖论。情境语义学解悖方案从自然语言的本真状态出发对说谎句所表达命题及其真值的分析，表明它并非特设的。① 正如李国伟先生所说，情境语义学解悖方案不仅能使我们从说谎者悖论这个千古难题中解脱出来，而且"解放得非常自然"。②

　　总之，情境语义学解悖方案和次协调逻辑解悖方案在悖论中所包含矛盾的认识、解悖思路、悖论产生根源问题的认识以及解悖结果等方面都存在重大差异。通过对这些差异的分析可以看出，次协调逻辑解悖方案实质上是一种不解决的"解决"，这种解决不能从根本上给悖论问题提供一个合理的解释。正如黄展骥先生所说，次协调逻辑学派对悖论的处理好比是把老虎圈在笼子里，暂时不会形成什么危害。但老虎一旦被放出来，它还是要吃人的。与这样的处理相比，情境语义学解悖方案显然更具优势。

第三节　情境语义学解悖方案对否定、否认的区分及其意义

　　说谎者悖论的研究涉及逻辑矛盾与辩证矛盾、有限与无限、自指与循环、否定与否认、真与假等多个概念的探讨，厘清这些概念的含义和所指对于悖论问题的认识和把握无疑具有十分重要的意义。在上述诸多概念中，有关否定和否认的研究至今还比较薄弱，而说谎句所涉及的否定词的理解和刻画又是说谎者悖论研究中需要特别注意的问题。下面我们试图通过罗素型解释和奥斯汀型解释的比较，展现情境语义学解悖方案在否定、否认研究方面的贡献，表明否定和否认的区分在说谎者悖论研究中的重要意义。

---

　　① 有关情境语义学解悖方案的非特设性的详细论述，请参见本章第一节。

　　② 李国伟：《把脉络带进来》，载德福林《笛卡儿，拜拜》，李国伟、饶伟立译，（台北）天下远见出版社 2000 年版，导读第 9 页。

一　问题的提出

在悖论研究过程中，有不少学者面对肯定的自指句并不导致悖论的事实，进而认为悖论产生的根源在于"否定＋自我指称"："关于悖论的成因，我一直认为是：否定概念的'自我涉及'。西方逻辑学界早已公认'自我涉及'是造成悖论的'主犯'。但我认为，'主犯'并非'自我涉及'，倒是'否定概念'。"[①] 悖论产生的三个必要条件分别是"自我指称、否定性概念和总体、无限"。[②] 毋庸置疑，如上观点敏锐地捕捉到了否定性概念对于悖论产生的重要影响，突出了它在悖论研究中的重要地位，但随着悖论研究的深入不难发现，关于否定性概念的考察和分析仅止于此是不够的。

以说谎句"f：f不是真的"为例。在导致说谎者悖论的直觉推理中，矛盾等价式的建立有赖于下面两个步骤：

（1）假设f是真的，则f所言是事实，因此f不是真的。

（2）假设f不是真的，由于f言说的恰是自身不真，因此f是真的。

显然，从说谎句的表达到说谎者悖论的建构，其中都涉及一个重要的否定词："不是。"应该如何理解"f不是真的"中的"不是"？它应被看做"否定"还是"否认"？说谎句"f不是真的"是否等价于"并非f是真的"？

在经典逻辑的视野中，"否定"和"否认"并不存在太大分别。无论是否定词否定的是句子的一个成分还是整个句子，只要两个句子的真值相等，就可以进行等值替换。但是，从自然语言的角度看，否

---

① 杨熙龄：《奇异的循环——逻辑悖论探析》，辽宁人民出版社1986年版，第252页。

② 陈波：《逻辑哲学导论》，中国人民大学出版社2000年版，第257页。

定和否认分别表达了不同的言语行为：一个肯定句纵然包括一个否定成分，也仍然是关于世界的一个主张、一个断定；而否认则意味着对某个已被提出的主张的拒斥。[①] 这似乎暗示着，借助自然语言来表达自身、展开推理进而建立矛盾等价式的说谎者悖论的研究，应该合理区分如下两种关系："断定（某语句的否定）"与"否认该语句"。或许，在某种意义上悖论的产生正源于对否定和否认的混淆。

在说谎者悖论的研究中，巴威斯等人敏锐地捕捉到了否定与否认的差异，在对比分析说谎者悖论两种不同的解决方案——罗素型解释和奥斯汀型解释的过程中，凸显了否定和否认的区分及其价值。

二　罗素型解释：说谎者悖论源于否定和否认的混淆

如前所述，罗素型解释建立经典命题观和真值观的基础上。在罗素型解释中，句子表达命题（罗素型命题），命题的真假在符合论的意义上被定义：一个命题为真仅当存在相应的事实集，一个命题为假仅当不存在使之为真的事实集。为刻画现实世界在决定事实进而决定命题真值过程中的作用，引入现实世界的模型作为参照。为确保现实世界模型的一致性，须增加一些限制条件，被限制后的现实世界模型称为弱模型。弱模型的引入，不仅使说谎者命题的两种不同理解"否定"和"否认"分别被表达为 $M \models \bar{f}$ 和 $M \not\models f$，而且使二者的区分成为可能。巴威斯等正是在此基础上阐释了否定和否认的区分对于说谎者悖论分析的重要意义。

在本书第三章第三节和第四节有关罗素型解释部分，我们已经介绍了弱模型 M 的定义并在此基础上阐释了巴威斯等对说谎者命题真值的证明。为更好地说明"否定"和"否认"的区分，这里复述如下。

在罗素型解释中，弱模型 M 被定义为：

---

① Jon Barwise & John Etchemendy, *The Liar: an Essay on Truth and Circularity*, Stanford University Press, 1987, pp. 16~17.

（1）设 M 为 soa 的聚合，若存在一个集合 s⊆M 使得 s|=p，则 M 使命题 p 为真，即 M|=p；若 M 中不存在这样的 s，则 M 使命题 p 为假，即 M|≠p。

（2）若<Tr，p；1>∈M，则命题 p 在 M 中为真，即真M（p）；若<Tr，p；0>∈M，则命题 p 在 M 中为假，即假M（p）。

（3）若任一 soa 及其否定不同时出现在 M 中，则 soa 的聚合 M 是融贯的。

（4）世界的弱模型 M 是由 soa 组成的融贯聚合，满足：

如果真M（p），那么 M|=p。

如果假M（p），那么 M|≠p。

在这里要注意区分 M|=p、M|≠p 及真M（p）、假M（p），后者需要语义事实<Tr，p；1>和<Tr，p；0>在 M 中，而前者表示 M 中是否有事实使 p 为真。这一点，对于如下证明的理解非常重要。基于弱模型 M 的构造，可以证明：任一弱模型 M 都使说谎者命题 f=［Fa f］为假，但 f 在 M 中不能为假，即 f 为假的事实不是世界中的事实。

证明：假设 M|=f，则 M 中存在一个集合 s⊆M 使得 s|=p。由此<Tr，f；0>∈s，因而<Tr，f；0>∈M；根据弱模型的定义，可进一步推出 M|≠f，这与假设矛盾，因此 M|≠f。

假设 f 在 M 中假，即<Tr，f；0>∈M。设 s={<Tr，f；0>}，则 s 是 M 中的事实且 s|=f。由此 M 使 f 为真，这与前面证明的结论 M|≠f 矛盾，因此 f 在 M 中不能为假，f 为假的事实不是世界中的事实。

上述结论表明，说谎者命题 f 由现实世界的弱模型 M 为假，但其为假的事实却不能存在于弱模型 M 中，即 M|≠f 但<Tr，f；0>∉M。这意味着，在 M 中我们可以否认 f 的真，但不能肯定 f 不真（因为肯定 f 不真将会肯定 f，从而使 M|=f，这与 M|≠f 矛盾）。也即，对于说谎者命题 f 及其真值的参照弱模型 M 而言，我们可以说 M|≠f，但不能说 M|=f̄，否则就会导致矛盾。显然，M|≠f 表达的是"否认"

关系，而 M|=f̄ 表达的是"否定"关系，区分否定和否认的重要性由此被显现。

巴威斯和艾切曼迪指出，以上述结论为出发点来反观说谎者悖论中矛盾等价式的建立（见本节第一部分）不难发现，第（1）步的直觉推理得到的结论实际上是：说谎者命题不能是真的（M|≠f）；而第（2）步直觉推理却是以 M|=f̄ 为前提出发得到了 M|=f 的结论；在第（1）步和第（2）步之间，明显存在着"否定"对"否认"的替换，即 M|=f̄ 对 M|≠f 的替换，这种替换客观化了第一步的结论，使得 f 的假成为客观世界的事实，从而导致了矛盾的出现。

那么，在有关说谎者悖论"矛盾被证"的直觉推理中，我们为什么未对"否定"和"否认"做出正确的区分呢？笔者认为，原因是多方面的，其中之一在于区分二者的困难：从表达形式上看，否定的规范表达是否定词位于命题内部，而否认的理想表达应该是否定词外在于命题。但是，自然语言并不总是遵循这样的规则，否认常常通过否定来表达。例如，"我不答应来"这句话中的否定词虽然位于句子内部，但它表达的却是"否认"。用奥斯汀、塞尔等所倡导的言语行为理论来衡量，"我不答应来"是典型的语用否定行为（不做出一个语用行为），其形式是¬F（p）。而"我答应不来"则是带否定命题内容的语用行为（做出语用否定的行为），其形式是 F（¬p）。①

巴威斯和艾切曼迪通过 T-封闭、F-封闭、N-封闭的刻画以及蜕变后得到的 T*、F*、N* 的对比，清楚地展现了否定和否认被混淆的原因。在罗素型解释中，T-封闭、F-封闭、N-封闭分别被定义如下：

（1）M 是 T-封闭的，如果 M 满足：M|= ［Tr p］当且仅当 M|=p。

（2）M 是 F-封闭的，如果 M 满足：M|= ［Fa p］当且仅当

_____

① 蔡曙山：《言语行为和语用逻辑》，中国社会科学出版社 2000 年版，第 57 页。

$M|\neq p$。

（3）M 是 N-封闭的，如果 M 满足：$M|= \lceil Fa\ p\rceil$ 当且仅当 $M|= \overline{p}$。

不难看出，T-封闭、F-封闭、N-封闭所具有的明显特征是引入了关于世界的弱模型 M 作为参照来刻画命题真假与世界的关系。如果说塔尔斯基 T 公式对"真"的刻画停留在元语言层面，那么，建立在 T 公式基础上的 T-封闭则是在更高层面上对"真"的刻画，它反映了现实世界在决定命题真值中的作用。同样，F-封闭和 N-封闭也具有这样的特征，它们对于"假"的刻画也是在更高层面上展开的：F-封闭与"否认"相关，表明 M 断定（p 为假）的充要条件是"M 否认 p"（$M|\neq p$）；N-封闭与"否定"相关，表明 M 断定（p 为假）的充要条件是"M 断定（p 不真）"（$M|= \overline{p}$）。显然，通过 F-封闭和 N-封闭的刻画，否定和否认的差别被清楚地展示出来。而如果不考虑 M 和"$|=$"，T-封闭、F-封闭、N-封闭将分别蜕化为：

T＊：$\lceil Tr\ p\rceil$ 当且仅当 p

F＊：$\overline{\lceil Tr\ p\rceil}$ 当且仅当 $\overline{p}$

N＊：$\overline{\lceil Tr\ p\rceil}$ 当且仅当 $\overline{p}$[①]

不难看出，由于 F-封闭和 N-封闭的蜕化表达完全一样，否定和否认变成了相同的形式（$\overline{p}$），其间的差别不能被显现出来。由此看来，在谈论真假、否定和否认等概念时，通常有参照物存在，但这个参照常常是隐含的、不明显的。在一般情况下，参照物即便不明晰也不会产生太大的影响，因为通常情况下否定和否认的互换并不会产生什么灾难性后果，罗素型解释中的经典命题就具有这样的特性：如果 M 是最大模型，p 在 M 中是经典命题，则 $M|\neq p$ 当且仅当 $M|= \overline{p}$。但

---

① 参见 Jon Barwise&John Etchemendy，*The Liar*，*An Essay on Truth and Circularity*，Stanford University Press，1987，p. 88。

是，一旦面临说谎者命题，情况就会完全不同，因为对于说谎者命题 f，我们只能说 $M|\neq f$ 而不能说 $M|=\bar{f}$。在这种情况下，只有把相关的参照物揭示出来，否定（$M|=\bar{p}$）和否认（$M|\neq p$）的差别才能显现出来，而一旦去掉或不考虑参照物，否定和否认就会混为一谈难以区分，导致悖论的产生。

罗素型解释给说谎者悖论的研究带来的启示之一，就是区分否定与否认的重要性。它表明，说谎者悖论的产生的确是利用了否定词的歧义性，在解决悖论问题的过程中必须注意正确地区分"否定"和"否认"。但是，由于以整个世界作为参照来考量命题及其真值，罗素型解释的缺陷也是明显的。作为罗素型解释的重要结论，"任一弱模型 M 都使说谎者命题 f 为假，但 f 在 M 中不能为假，f 为假的事实不是世界中的事实"导致了三个后果：第一，关于世界的弱模型 M 不是语义封闭的（满足 T-封闭和 F-封闭），而只能是接近语义封闭的（满足 T-封闭和 N-封闭）；第二，就像克里普克的真值间隙论使句子的真值存在间隙一样，在世界之外"f 为假"这样的第二类语义事实的存在，使得世界不能是完整的，不能具有总体性；第三，即便在关于世界的最大模型中，说谎者命题 f 也没有真值，它既不真又不假（模型 M 只是使 p 为假，即 $M|\neq p$）。从这个意义上可以说，悖论性的罗素型命题仍然存在。由此可见，罗素型解释虽然对说谎者悖论提供了一定的分析，但它所具有的缺陷使得它不能成为一个合理的解决方案。

三　奥斯汀型解释：否定和否认的歧义是说谎者悖论产生的直接原因之一

如前所述，奥斯汀型解释建立在言语行为理论的主要代表奥斯汀有关陈述及其真假认识的基础上。在奥斯汀型解释中，句子表达命题，但它所表达的命题（奥斯汀型命题）由两部分构成：由指示性约定决定的现实或历史情境 s；由描述性约定决定的要素类型 T，形式如下：p=｛s；T｝或 p=｛s；[σ]｝（s 表示与 p 相关的情境，σ 表示 p 所描述的事态）。基于奥斯汀型命题观，说谎句所表达命题不唯一，随着相关情境的变动而变动。然而，即便在相关情境同一的情况下，说谎句的两种不同理解"否定"（本命题不是真的）和"否认"（并非本命题是真的）也将表达不同的命题，前者为"肯定的说谎者命题"，即 $fs=\{s;\ [Tr,\ fs;\ 0]\}$，后者为"否认的说谎者命题"，即 $ds=\overline{\{s;\ [Tr,\ ds;\ 1]\}}$。

与罗素型命题的真假类似，奥斯汀型命题的真假也在符合论的意义上被定义，但这种符合是一种更为精致的符合，因为命题的真假不再以整个世界而只以相关情境作为参照：一个奥斯汀型命题 $p=\{s;\ [\sigma]\}$ 为真当且仅当 s 属于 $[\sigma]$，或者说，该命题所描述的事态 σ 属于 s。为刻画现实世界在决定命题及其真值过程中所起的作用，同样需要引入关于世界的模型 U，而且一样需要对世界模型增加一些限制条件使之保持融贯。在本书第三章第三节和第五节有关奥斯汀型解释部分，我们已经介绍过世界的部分模型 U 的定义并在此基础上阐释了巴威斯等对说谎者命题的真值的证明。为更好地说明"否定"和"否认"的区分，这里复述如下。

在奥斯汀型解释中，关于世界的模型 U 被定义为：

（1）现实世界的部分模型 U 是 SOA 的聚合，满足：

● 任一事态和它的否定不能同时出现在模型 U 中。

● 如果 $<Tr,\ p;\ 1>\in U$，则 p 真。

● 如果 $<Tr,\ p;\ 0>\in U$，则 p 假。

（2）若情境 $s\subseteq U$，则 s 在模型 U 中是实际的；若 s 在某个模型 U 中是实际的，那么 s 是可能的。

（3）若 About（p）在模型 U 中是实际的，则 p 在模型 U 中可及的（accessible）。

（4）如果模型 U 不被任何其他部分模型所包含，则模型 U 是总体的（total）。

模型 U 的刻画揭示了实际情境与现实世界的关系，为研究说谎者命题的真假提供了可能。设 s 为模型 U 中的实际情境，可以证明：与

s 相关的肯定的说谎者命题 fs＝〈s；[Tr，fs；0]〉假。

证明：假设 fs 真，则＜Tr，fs；0＞∈s；s 是模型 U 中的一个实际情境，且据模型 U 的定义，fs 必假。

这一结论与罗素型解释中的证明结论有所不同，至少表现在两个方面：第一，罗素型解释的证明结论虽然也是说谎者命题为假，但它是从"否认"的意义上说的（M|≠f）；而如上证明结论是从"否定"的意义上给出的，它表明的是"肯定的说谎者命题"的真值。第二，罗素型解释的证明结论导致的后果是"第二类语义事实"的存在：说谎句 f 由 M 为假，但 f 为假的事实被对角线划出了 M，f 为假的事实不能包含在 M 中，即便 M 是关于世界的最大模型；而奥斯汀型解释的证明结论并不会导致第二类语义事实的出现，因为它正确地识别反映了相关情境的变动：由于情境的部分性，fs 的假只是被对角线划出了 s。换句话说，尽管 fs 的假不在情境 s 中，它完全可以存在其他的实际情境 s′中并因而存在模型 U 中，而且这种存在不会导致悖论。关于世界的模型由此具有语义封闭性而不仅仅是接近语义封闭，罗素型解释的缺陷在奥斯汀型解释中不复存在。

以上是对"肯定的说谎者命题"fs（fs＝〈s；[Tr，fs；0]〉）之真值的说明，下面来看"否认的说谎者命题"ds（ds＝〈s；[Tr，fs；1]〉）。在奥斯汀型解释中，如果 s 是实际的，则与 s 相关的"否认的说谎者命题"ds 是真的。

证明：假设 ds 不是真的，则 s 属于类型 [Tr，ds；1]，这意味着＜Tr，ds；1＞∈s；据模型 U 的定义，如果＜Tr，p；1＞∈U，则 p 真，因此 ds 必是真的。

从与实际情境 s 相关的"肯定的说谎者命题"fs 为假而"否认的说谎者命题"ds 为真的结论中，我们可以得到两个十分重要的启示：第一，在罗素语义学中悖论性的句子 φ 在奥斯汀语义学中只是具有如下特征的句子：对每一个可能的情境 s 而言，φ 所表达命题的"否认"真而其"否定"假；第二，"肯定的说谎者命题"和"否认的说谎者命题"在真值上的对立表明，如果不能正确地理解否定词的含义，把"否定"和"否认"混为一谈，同样会面临产生悖论的危险。实质上，

"肯定的说谎者命题" fs 为假的证明和 "否认的说谎者命题" ds 为真的证明正好也可以分别对应于说谎者悖论直觉推理中的步骤（1）和步骤（2）（见本节第一部分）。从这个角度看，"产生悖论的直觉推理，还导源于另一歧义性，它与情境变动无关，而是混淆了否定主张的肯定（肯定的说谎者）和肯定主张的否认（否认的说谎者）"。①

比较而言，对于否定和否认之间的歧义性，罗素型解释曾在一定程度上给予了说明和展现，但仅以弱模型为参照来解释命题的真值给说谎者的罗素型解释带来了难以弥补的缺陷。而奥斯汀型解释对现实世界的一部分——相关情境的引入，为句子所表达命题及其真值的刻画注入了新的活力，不仅使得说谎句的不同理解，无论是 "否定" 还是 "否认"，都获得了更为清晰的刻画，而且揭示了 "肯定的说谎者命题" 和 "否认的说谎者命题" 之间存在的差异，表明 "否认一个命题" 并不等同于 "肯定该命题为假"。

必须指出，罗素型解释把说谎者悖论的产生根源归结为对否定和否认的混淆，而奥斯汀型解释虽然也强调否定和否认的歧义可能导致悖论，但并不把悖论产生的根源归结于此。从奥斯汀型解释的角度看，说谎者悖论的产生与三个歧义相关，除了否定和否认的歧义，还包括情境变动造成的歧义、说谎句中指示词 "this" 的歧义，如图 1 所示（参见第三章第五节）。也正是在这个意义上我们说，否定和否认的歧义仅是说谎者悖论产生的直接原因之一。

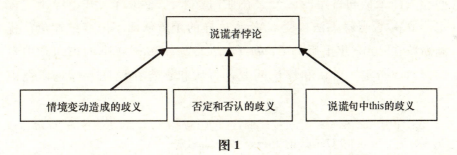

图 1

---

① Jon Barwise & John Etchemendy, *The Liar: An Essay on Truth and Circularity*, Stanford University Press, 1987, p. 167.

总之，尽管罗素型解释和奥斯汀型解释对说谎者悖论产生根源的分析、深刻程度和后果都不尽相同，但就揭示否定和否认的区分在说谎者悖论研究中的重要意义而言，二者具有共同之处。无论是罗素型解释还是奥斯汀型解释，都指向这样一个结论：忽略否定和否认的差异在通常情况下不会导致太大危害，但在面对说谎者悖论这样的问题时，必须注意二者的区分，否则将有产生悖论的危险。恰如物体以常速运动时，忽略它们之间的相对效应不会导致太大危害，但在接近光速时，仍然忽略它们之间的相对效应，则会产生悖论性的结论。①

"否认和否定之间的差异一经指出，就很容易得到认可，但更容易被忘记。"② 逻辑学两千年的主流思想都只关注否定，而把否定、否认间的差异排除在考虑范围之外，在这种情况下，能够从否定和否认的角度思考说谎者悖论问题似乎更显可贵。值得庆幸的是，在说谎者悖论研究中，有不少学者都注意到了否定和否认问题：帕森斯在 1984 年就探讨了"肯定、否认和说谎者悖论"问题；③ 中国也有学者触及了此类问题，认为通过"否定的外化"，即把"我正在说谎"外化为"我并非正在说真话"，就可以解决说谎者悖论问题。这一观点显然已经触及否定和否认，但却没有意识到否定和否认之间存在的差异，没有进一步作出正确的区分；值得一提的是，在说谎者悖论的研究中与巴威斯等走上了完全不同道路的次协调逻辑学派同样关注否认和否定的区分。在他们看来，"否认 p"并不等于"肯定非 p"，否则就无法接受 p∧¬p 这样的矛盾从而不能容纳悖论。普利斯特在 2005 年出版的 *Doubt Truth to be a Liar* 一书的第六章中专门探讨了否定、否认和悖论问题，否认和否定在说谎者悖论研究中

---

① 参见 Jon Barwise&John Etchemendy, *The Liar：An Essay on Truth and Circularity*, Stanford University Press, 1987, p. 170。

② Jon Barwise&John Etchemendy, *The Liar：An Essay on Truth and Circularity*, Stanford University Press, 1987, p. 170.

③ Terry Parsons, "Assertion, denial and the liar paradox", *Journal of Philosophical Logic*, 1984, vol. 13, pp. 137~152.

的重要性由此可见一斑。

第四节　对情境语义学解悖方案的辩护

情境语义学解悖方案提出后遭到了一些学者的质疑甚至批判。本节将就一些学者提出的问题进行讨论，同时针对可能提出的诘难给出相应的回答。

一　非特设性

黄展骥先生在《抛开"悖论"，浅谈"意义、矛盾、指涉"——"罗素悖论"百年祭》[①] 一文中指出，语境敏感型解悖方案的不足在于通过拆散（回避、压制或消灭）矛盾来消解悖论，这样的方案具有很强的特设性。显然，黄先生对语境敏感型解悖方案的指责也针对情境语义学解悖方案，因为后者仅是前者的一种表现形式。在《形式派的"解悖偏见"——略评"RZH"标准》[②] 一文中，黄展骥先生则直接以情境语义学解悖方案为例，指出其失败之处在于：通过压制矛盾来消解悖论，且同时犯了稻草人谬误！黄先生的上述评价虽然谈到了两个方面，但主要针对一个问题：情境语义学解悖方案的特设性。笔者不赞成黄先生的如上见解，以下将从两个方面展开讨论。

1. 情境语义学解悖方案是否通过压制矛盾来消解悖论？

所谓"压制矛盾"，大约可以理解为竭力限制或制止矛盾的出现。在黄先生看来，a 的论述"现在下雨（p）而又不下雨（¬p）"本构成

---

① 黄展骥：《抛开"悖论"，浅谈"意义、矛盾、指涉"——"罗素悖论"百年祭》，《晋阳学刊》2002 年第 2 期，第 51～56 页。

② 黄展骥：《形式派的"解悖偏见"——略评"RZH"标准》，《河池师专学报》2003 年第 1 期，第 5～9 页。

了逻辑矛盾，然一旦运用"人、地、时"语境敏感型解悖方案，则可以把这句话理解为："当 a 说 p，之后又跟着说￢p。在这'一瞬间'，a 已经分开成为 a_1 说 p，a_2 说￢p。于是乎，矛盾不复存在！"[①] 连这样的逻辑矛盾都没有了，自然不会有矛盾被证（悖论）。

　　笔者对黄先生的上述观点存有疑问。第一，情境语义学解悖方案的一个重要特征，是引入了"情境"要素来考察语句所表达命题及其真值变化。但"情境"要素的引入，是否如黄先生所说能够消解"现在下雨而又不下雨"这样的逻辑矛盾？这似乎值得推敲。众所周知，所谓逻辑矛盾是指同一思维过程中违反不矛盾律的要求对 A 和￢A 的同时肯定。逻辑矛盾的定义表明，两个命题是否构成逻辑矛盾，必须借助同一时间、同一对象、同一方面这三个条件来把握。如果是在不同时间或地点，针对不同对象做出的两个不同论断就不构成逻辑矛盾。以此来衡量，黄先生所讲的"现在下雨而又不下雨"是典型的逻辑矛盾。然而，这样的逻辑矛盾却不能通过情境语义学解悖方案（或其他语境敏感型解悖方案）得到消解，因为一旦涉及"情境"（或"语境"）要素，就必然涉及不同的时间、地点，而在不同的时间地点条件下所表达的两个真值完全相反的论断并不会构成矛盾。黄先生之所以认为语境敏感型解悖方案能够消解"现在下雨而又不下雨"这样的逻辑矛盾，关键在于形而上学地理解了"三同一"中的"同一时间"，他把这里的"同一"绝对化了。

　　第二，情境语义学解悖方案借助"情境"来消解说谎者悖论的做法，并不如黄先生所说"通过压制矛盾来消解悖论"。情境语义学解悖方案通过对命题及其真值的重新考察发现，"情境"是使命题及其真值发生变化的一个重要参数：忽略情境，将与不同情境相关的自然语言语句所表达命题及其真值，或者说，将运动变化的自然语言语句所表达命题及其真值凝固起来，静态地描述就必然会导致悖论的产生。因此，要合理地解决悖论问题，就必须还"悖论性语句"

---

　　① 黄展骥：《抛开"悖论"，浅谈"意义、矛盾、指涉"——"罗素悖论"百年祭》，《晋阳学刊》2002 年第 2 期，第 52 页。

之真值的本来面目，寻找引发其真值变化的原因，揭示和刻画其真值的动态变化。从情境语义学解悖方案的角度看，悖论中矛盾等价式被建的一个重要原因是忽略了情境变动造成的歧义，将动态变化的命题及其真值做了静态化和抽象化处理：抽象地看，矛盾的确产生了而且被"证明"为真，但"矛盾被证"的根本原因在于视野的局限性。一旦突破这一局限，认识到语句所表达命题及其真值的动态变化，矛盾将不再能够"被证"，悖论自然被消解。所以，从根本上讲，情境语义学解悖方案并没有"竭力限制"矛盾的出现，并没有"压制"矛盾，恰恰相反，它从自然语言的本真状态出发，通过说谎句所表达命题及其真值的动态刻画，揭示了说谎者悖论产生的根源，阐明了矛盾产生的原因，表明消解说谎者悖论的关键就在于对"情境"的认知。这一解悖方案，正如台湾"中央研究院"数学所研究员、中正大学哲学所教授李国伟先生所说，不仅能使我们从说谎者悖论这个千古难题中解脱出来，而且"解放得非常自然"。[①]

2. 情境语义学解悖方案是否"误中副车"，"攻击稻草人"？

黄先生在评析情境语义学解悖方案过程中提出的一个重要观点是，它"误中副车"，"攻击稻草人"！理由如下：作为克岛人的伊氏所构造的"所有克岛人说的话皆假"这一语句相关的情境必然有两种，一种包含而另一种不包含伊氏本人所说的这句话。根据情境语义学消解说谎者的思路可以推断，该方案大概会通过选择"不包含伊氏本人所说的这句话"的情境以回避问题的实质。但是，一旦创造语境，选择"包含"的情境作为讨论对象，情境语义学解悖方案便会束手无策。[②]

黄先生的上述观点意在通过"选择情境、回避问题"的说法，表

---

① 李国伟：《把脉络带进来》，载德福林《笛卡儿，拜拜》，李国伟、饶伟立译，（台北）天下远见出版社 2000 年版，导读第 9 页。

② 黄展骥：《形式派的"解悖偏见"——略评"RZH"标准》，《河池师专学报》2003 年第 1 期，第 6～7 页。

明情境语义学解悖方案的特设性。在笔者看来，黄先生的这种理解是不正确的。情境语义学解悖方案关注的主要对象是说谎者悖论，它的确没有涉及像伊氏悖论这样的半截子悖论，但我们可以根据情境语义学解悖方案的思路来分析伊氏悖论。按照黄先生的观点，情境语义学解悖方案会通过对非自我指称或非循环情境的选择来回避伊氏悖论的消解。然而，在说谎者悖论研究之初，巴威斯和艾切曼迪就明确指出，自我指称或循环完全是合理合法的，像"本命题不是真的"中的"本命题"完全可以语义自返，指称自身作为其中一部分的整个命题。（与实际情境 s 相关的说谎者命题 fs 的表达，$fs = \{s; [Tr, fs; 0]\}$ 就是一个很好的例证）为此，他们还专门选择了阿泽尔的集合论理论作为工具，目的是为了更好地刻画循环现象。情境语义学解悖方案对说谎者悖论的消解也正是在承认语义循环现象的前提下建立的。显然，对于伊氏悖论而言，情境语义学解悖方案也必然不会选择"不包含伊氏本人所说的这句话"的情境来回避问题，因此，这里并不存在特设性问题。这里还有一点需要说明。就"说谎者命题 fs 为假的事实不属于相关实际情境 s"而言，应该看到，这一命题的提出并非自主、随意选择的结果，并非为了解悖而特设的规定，而是一个简单朴素的证明结论。黄先生有可能对这一结论存有误解，因而得出情境语义学解悖方案"回避问题"的结论。

　　赫兹伯格在悖论研究中曾表达过这样的看法：不应千方百计地压制悖论的产生而应积极地鼓励悖论的产生……让悖论自己透露自己的内在原理，黄先生引用这段论述来批判情境语义学解悖方案，认为赫兹伯格的这番言论似乎也很适合用来批判比它稍后冒升起来的伯奇、巴威斯和德福林德观点。[①] 笔者认为，赫兹伯格的这段论述并不构成情境语义学解悖方案的反证，相反，它恰恰在一定程度上反映了情境语义学解悖方案的优势，因为情境语义学解悖方案正是通过让悖论展示自身的特性，通过悖论后所隐藏的直觉的考察，通过对引起说谎者

---

① 黄展骥：《形式派的"解悖偏见"——略评"RZH"标准》，《河池师专学报》2003 年第 1 期，第 7 页。

命题及其真值变化的重要因素"情境"的考量，才揭示了说谎者悖论产生的根源，实现了说谎者悖论的消解。

二　情境的层级性之辩护

语境敏感型解悖方案的后继人西蒙斯认为，情境语义学解悖方案的不足在于它仍然是一种层级（或层系）理论："帕森斯、伯奇、盖夫曼以及巴威斯、艾切曼迪的语境方案都求助于一些或其他形式的层系。"[1]"层级"是否构成情境语义学解悖方案的不足？应如何认识情境语义学解悖方案的"层级"？

回顾悖论研究的历史可以发现，人们对"层级"概念的批判始于塔尔斯基的语言层次理论。在塔尔斯基看来，要消解说谎者悖论就必须诉诸语义开放的语言，将语言进行分层：语言的第一层次是不包括"真"概念的对象语言，第二层次是可以谈及对象语言之"真"的元语言，第三层次是更进一步能谈及元语言中的"真"的元元语言，以此类推，以至无穷。语言层次理论可以消除形式语言中的悖论，但无法解决自然语言中的悖论问题，原因在于：将日常使用的语言进行分层的做法严重违反直觉，具有强烈的特设性，同时在实践中也行不通，因为自然语言中的真值谓词在许多情况下根本无法被指派到确定的层面。

情境语义学解悖方案从某种角度看的确也是"层级的"：与实际情境 s_1 相关的说谎者命题 $fs_1 = \{s_1; [Tr, fs_1; 0]\}$ 假，与实际情境 s_2 相关的说谎者命题 $Ps_1 = \{s_2; [Tr, fs_1; 0]\}$ 真；与实际情境 s_2 相关的说谎者命题 $fs_2 = \{s_2; [Tr, fs_2; 0]\}$ 假，与实际情境 s_3 相关的说谎者命题 $Ps_3 = \{s_4; [Tr, fs_3; 0]\}$ 真；……由此，构成了一个不断累积的"情境层级"，如表3所示：

---

① Keith Simmons, *Universality and The Liar: An Essay on Truth and the Diagonal Argument*, Cambridge University Press, 1993, p. 106.

表 3

命题	真值
$fs_1 = \{s_1; [Tr, fs_1; 0]\}$	假
$Ps_1 = \{s_2; [Tr, fs_1; 0]\}$	真
$fs_2 = \{s_2; [Tr, fs_2; 0]\}$	假
$Ps_2 = \{s_3; [Tr, fs_2; 0]\}$	真
$fs_3 = \{s_3; [Tr, fs_3; 0]\}$	假
$Ps_3 = \{s_4; [Tr, fs_3; 0]\}$	真
……	……

　　然而，必须指出，情境语义学解悖方案中的"层级"与塔尔斯基语言层次理论中的"层级"存在重大差异。首先，情境语义学解悖方案等并不像塔尔斯基的语言层次理论那样，没有为其层级的建构给出除阻挡矛盾外的理由。在情境语义学解悖方案看来，自然语言中语句所表达命题总与一定的"情境"相关，当情境要素发生变化时，语句就表达不同的命题因而可以具有不同的真值。说谎句也不例外，随着相关情境的变化，说谎句表达不同命题并具有不同的真值。在这种情况下，如果忽略情境要素，将与不同情境相关的说谎句所表达命题及其真值，或者说，将运动变化的自然语言语句所表达命题及其真值凝固起来，静态地描述就必然会导致悖论的产生。因此，要合理地解决悖论问题，必须还悖论性语句的"本来面目"，设法揭示和反映其所表达命题及真值的动态变化。而"情境"正是情境语义学解悖方案所找到的参量，借助情境的层级性，说谎句所表达命题及其真值的动态变化被合理地刻画。

　　其次，还应该指出，情境层级中情境下标的不同，揭示的是情境之间的差异和变化，并不意味着塔尔斯基语言层次理论中语言的严格的层次划分（如对象语言中的"真"绝不能在对象语言层次谈论，否则就会产生悖论）。情境语义学解悖方案表明，我们既可以谈及与实际情境 s_1 相关的说谎者命题 $fs_1 = \{s_1; [Tr, fs_1; 0]\}$ 的真值，又可以谈及与实际情境 s_2 相关的说谎者命题 $Ps_1 = \{s_2; [Tr, fs_1; 0]\}$ 的真值。由此，对情境语义学解悖方案中情境的层级可作相对的理解，它只是反映和揭示了话语所指示情境的变化。如果从绝对的意义上来理解情境的层级，把它看为严格累积的和不可逾越的，则没有正确地反映情境语义学解悖方案对情境的认识。

情境语义学解悖方案中的"层级"与被称为语境敏感型解悖方案开山之祖的伯奇所提出的解悖方案中的"层级"也有所不同。在伯奇方案中，真值谓词本身是索引的，它随着语境的变化而具有不同的外延：在说谎者悖论的推导过程中，人们首先断定"本语句不是真的"，而后又因其言其所是，断定"本语句是真的"。这一前一后两个断定得出的结论表面上看是矛盾的，实际上如果引入"语境"因素的话则会发现二者并不矛盾，因为"本语句不是真的"中的"真"与"本语句是真的"的"真"属于不同的语境，具有不同的外延。如果把前者的"真"记作"真$_i$"（i 代表隐含的索引元素），后者的"真"便不能再写做"真$_i$"而必须记作"真$_k$"（k 表示另一个不同的索引元素），由此矛盾不复存在，悖论被消解。显然，伯奇方案中的"层级"是由真谓词构成的层级；在情境语义学解悖方案中，真值谓词本身并不是索引的，一个语句所表达命题及其真值随着该语句相关"情境"的变化而变化。在这里，"情境"是使命题及其真值发生变化的一个重要参数，"情境"的外延所指可以不断发生变化以至构成某种层级，而真值谓词本身并不随情境的变化而具有不同的外延，"真"仍然是单义的。这就避免了人们对真值谓词的索引性、歧义性提出的质疑。

综上所述，情境语义学解悖方案虽然借助了情境的层级来说明问题，但其所谓的"层级"与塔尔斯基的"语言层次"、伯奇的"真谓词层系"具有明显的差异，塔尔斯基方案的缺陷、伯奇方案的不足对它都不成立。鉴于"情境"作为考察命题及其真值的重要参数的直观性和合理性，笔者认为，把"层级"作为情境语义学解悖方案的不足并不令人信服。

三　面对集合论悖论解决方案的诘难

从情境语义学解悖方案对说谎者悖论的消解看，其与集合论悖论的消解具有一定的相似性。众所周知，由策梅罗提出、经 A. 法兰凯尔补充的 ZF 系统通过放弃集合论中的基础公理（所有集合的集合不再构成一个集合）达到避免集合论悖论的目的；在情境语义学解悖方案中，所有情境的聚合——世界同样不能被看做一个情境。

　　这样，就产生了一个问题：对集合论悖论解决方案的不满是否也适用于情境语义学解悖方案？针对集合论悖论的解决，有学者指出，"无论是公理集合论或分支类型论解决悖论的方法，目前都被普遍认为是'头痛医头，脚痛医脚'的办法，或者是应急（ad hoc）的办法。从逻辑学的观点看，都没有从根本上解决问题。"[①] 显然，这里所说的"应急"也就是"特设"，它表明集合论悖论的解决招致不满的主要原因在于，人们没有就放弃基础公理的做法给出除避免悖论之外的理由。情境语义学解悖方案在这一点上与集合论悖论的解决有根本不同，对所有情境的聚合——世界不能再被看做一个情境这个问题，情境语义学派可以有充分的理由来做出回答，"情境"本身的界定就表明了这一点。在情境语义学中，"情境"是由主体选择或区分的有结构的现实世界的一部分，任一现实情境都与主体、时空单位等要素密切相关。因此，没有现实情境是完全的，没有现实情境可以包括世界上所有的事实，尽管存在着不断累积起来的更为综合的情境，但其充其量也只能构成特定时空条件下的"世界"，并不具有完全性。正是基于这一点，笔者认为，对集合论悖论解决方案的诘难并不适用于情境语义学解悖方案。

---

① 杨熙龄：《奇异的循环——逻辑悖论探析》，辽宁人民出版社 1986 年版，第 34～35 页。

主要参考文献

［1］Glenn W. Erickson and John A. Fossa, *Dictionary of Paradoxes*, University Press of America, Inc. 1998.

［2］Graham Priest, "The Logic of Paradox", *Journal of Philosophical Logic*, 1979, (8): 219~241.

［3］Graham Priest, Richard Routley and Jean Norman, *Paraconsistent Logic Essays on the Inconsistent*, Philosophia Verlag Gmbh, München, 1989.

［4］Graham Priest, "What is so bad about contradictions", *The Journal of Philosophy*, 1998, (95): 410~426.

［5］Graham Priest, *Doubt Truth to Be a Liar*, Oxford University Press, 2006.

［6］H. Herzberger, "Notes on naive semantics", *Journal of Philosophical Logic*, 1982, (11): 61~102; Reprinted in Robert L. Martin (ed.), *Recent Essays on Truth and the Liar Paradox*, Oxford University Press, 1984, 133~174.

［7］H. Herzberger, "Naive semantics and The Liar Paradox", *The Journal of Philosophy*, 1982, (79): 479~497.

［8］Jon Barwise and John Perry, "Semantic Innocence and Uncompromising Situations", P. French, T. Uehling and H. Wettstein (ed.), *Midwest Studies in the Philosophy of Language*, vol. VI, University of Minnesota Press, 1981.

［9］Jon Barwise, "Scenes and Other Situations", *The Journal of*

Philosophy, 1981, (59): 369～396.

[10] Jon Barwise and John Perry, *Situations and Attitudes*, CSLI Publications, 1983.

[11] Jon Barwise and John Perry, "Shifting Situations and Shaken Attitudes", *Linguistics and Philosophy*, 1985, (8): 105～161.

[12] Jon Barwise and John Etchemendy, *The Liar: An Essay on Truth and Circularity*, Stanford University Press, 1987.

[13] Jon Barwise, *The Situation in Logic*, CSLI Lecture Notes, 1989.

[14] Jon Barwise and Jerry Seligman, *Information Flow*, *the Logic of Distributed Systems*, Cambridge University Press, 1997.

[15] Jon Barwise and John Etchemendy, *Language*, *Proof and Logic*, Seven Bridges Press, 2000.

[16] J. Van Benthem and A. ter Meulen, *Handbook of Logic and Language*, Elsevier Science B. V. Netherlands, 1997.

[17] Keith Devlin, *Logic and Information*, Cambridge University Press, 1991.

[18] Keith Devlin, "Jon Barwise's Papers on Natural Language Semantics", *Bulletin of Symbolic Logic*, 2004, (10): 54～85.

[19] Keith Devlin, "Situation Theory and Situation Semantics", *Handbook of the History of Logic: Logic and the Modalities in the Twentieth Century*, D. Gabby and J. Woods (ed.), 2004, (7): 601～664.

[20] Keith Simmons, *Universality and the Liar: An Essay on Truth and The Diagonal Argument*, Cambridge University Press, 1993.

[21] N. Belnap and A. Gupta, *The Revision Theory of Truth*, MIT Press, 1993.

[22] N. Hornstein, "Review on Situations and Attitudes", *The Journal of Philosophy*, 1986, (83): 168～184.

[23] Paul John King, "Reconciling Austinian and Russian Accounts

of the Liar Paradox", *Journal of Philosophical Logic*, 1994, (23): 451~494.

［24］Robert C. Koons, *Paradoxes of belief and strategic rationality*, Cambridge University Press, 1992.

［25］Robert L. Martin, *Recent Essays on Truth and the Liar Paradox*, Oxford University Press, 1984.

［26］Robin Cooper, Kuniaki Mukai and John Perry, *Situation Theory and Its Applications* (volume 1), CSLI Lecture Notes, 1990.

［27］Saul Kripke, "Outline of a theory of truth", *The Journal of Philosophy*, 1975, (72): 690~716; Reprinted in Robert L. Martin (ed.), *Recent Essays on Truth and the Liar Paradox*, Oxford University Press, 1984, 53~81.

［28］Susan Hacck, *Philosophy of Logics*, Cambridge University Press, 1978.

［29］Terry Parsons, "Assertion, denial and the liar paradox", *Journal of Philosophical Logic*, 1984, (13): 137~152.

［30］Tyler Burge, "Semantical paradox", *The Journal of Philosophy*, 1979, (76): 169~198; Reprinted in Robert L. Martin (ed.), *Recent Essays on Truth and the Liar Paradox*, Oxford University Press, 1984, 83~117.

［31］W. V. O. Quine, *Philosophy of Logic*, Prentice-Hall, INC., 1970.

［32］A. C. 格雷林：《哲学逻辑引论》，中国社会科学出版社 1990 年版。

［33］A. P. 马蒂尼奇编：《语言哲学》，牟博、杨音莱、韩林合等译，商务印书馆 1998 年版。

［34］W. V. 奎因：《真之追求》，王路译，生活·读书·新知三联书店 1999 年版。

［35］W. V. O. 奎因：《从逻辑的观点看》，陈启伟、江天骥、张家龙、宋文淦译，中国人民大学出版社 2007 年版。

［36］道·霍夫斯塔特：《GEB——一条永恒的金带》，乐秀成编译，四川人民出版社 1984 年版。

［37］德福林：《笛卡儿，拜拜》，李国伟、饶伟立译，（台北）天下远见出版社 2000 年版。

［38］杰弗里·N. 利奇：《语义学》，李瑞华、王彤福、杨自俭、穆国豪译，上海外语教育出版社 1987 年版。

［39］伯特兰·罗素：《我的哲学的发展》，温锡增译，商务印书馆 1982 年版。

［40］伯特兰·罗素：《逻辑与知识》，苑莉均译，商务印书馆 1996 年版。

［41］斯蒂芬·里德：《对逻辑的思考——逻辑哲学导论》，李小五译、张家龙校，辽宁教育出版社、牛津大学出版社 1998 年版。

［42］苏珊·哈克：《逻辑哲学》，罗毅译、张家龙校，商务印书馆 2003 年版。

［43］蔡曙山：《言语行为与语用逻辑》，中国社会科学出版社 1998 年版。

［44］陈波：《逻辑哲学导论》，中国人民大学出版社 2000 年版。

［45］陈波：《逻辑哲学》，北京大学出版社 2005 年版。

［46］陈波：《冯·赖特》，（台北）东大图书出版社 1998 年版。

［47］陈道德等：《20 世纪意义理论的发展与语言逻辑的兴起》，中国社会科学出版社 2007 年版。

［48］冯棉：《可能世界与逻辑研究》，华东师范大学出版社 1996 年版。

［49］冯棉、李福安、马钦荣：《哲学逻辑和逻辑哲学》，华东师范大学出版社 1991 年版。

［50］弓肇祥：《真理理论——对西方真理理论历史地考察》，社会科学文献出版社 1999 年版。

［51］何自然编著《语用学概论》，湖南教育出版社 1999 年版。

［52］何兆熊主编《新编语用学概要》，上海外语教育出版社 2000 年版。

［53］黄展骥：《形式派的"解悖偏见"——略评 RZH 标准》，《河池师专学报》2003 年第 1 期。

［54］黄展骥：《抛开"悖论"，浅谈"意义、矛盾、指涉"——"罗素悖论"百年祭》，《晋阳学刊》2002 年第 2 期。

［55］刘叶涛：《逻辑悖论与自我指称——兼评克里普克的逻辑悖论思想》，《燕山大学学报》2007 年第 1 期。

［56］贾国恒：《情境语义学与可能世界语义学比较研究》，《自然辩证法研究》2006 年第 10 期。

［57］贾国恒：《模态逻辑可能世界与情境》，《学术研究》2007年第 2 期。

［58］贾国恒：《情境语义学解悖方案研究》，《安徽师范大学学报》2008 年第 9 期。

［59］贾国恒：《情境语义学的发展》，《湖南科技大学学报》2008年第 9 期。

［60］贾国恒：《情境语义学及其解悖方案研究》，南京大学博士论文 2007 年。

［61］蒋严、潘海华：《形式语义学引论》，中国社会科学出版社1998 年版。

［62］彭漪涟、马钦荣主编《逻辑学大辞典》，上海辞书出版社2004 年版。

［63］索振羽编著《语用学教程》，北京大学出版社 2000 年版。

［64］涂纪亮：《英美语言哲学概论》，人民出版社 1988 年版。

［65］王路：《走进分析哲学》，生活·读书·新知三联书店 1999年版。

［66］王路：《逻辑的观念》，商务印书馆 2000 年版。

［67］王建芳：《情境语义学对语言哲学中意义理论的发展》，《晋阳学刊》2002 年第 1 期。

［68］王建芳：《情境语义学对外延模型论和可能世界语义学的批判》，《晋阳学刊》2005 年第 1 期。

［69］王建芳：《语义悖论研究的新思路》，《哲学研究》2005 年

第 9 期。

［70］王建芳：《非特设性：情境语义学解悖方案的重要特征》，《西安电子科技大学学报》2004 年第 4 期。

［71］王建芳：《情境语义学解悖方案与传统解悖方案比较研究》，《自然辩证法通讯》2007 年第 6 期。

［72］王建芳：《情境语义学解悖方案与次协调逻辑解悖方案比较研究》，《安徽大学学报》2007 年第 2 期。

［73］王习胜：《道义悖论和道德悖论——关涉伦理理论的两类悖论研究述要》，《哲学动态》2007 年第 7 期。

［74］吴允增：《情境语义学——一种新的"意义理论"》，《吴允增选集》，北京科学技术出版社 1991 年版。

［75］徐友渔、周国平、陈嘉映、尚杰：《语言与哲学——当代英美与德法传统比较研究》，生活·读书·新知三联书店 1996 年版。

［76］杨熙龄：《奇异的循环——逻辑悖论探析》，辽宁人民出版社 1986 年版。

［77］俞如珍、金顺德编著《当代西方语法理论》，上海教育出版社 2000 年版。

［78］张家龙：《模态逻辑与哲学》，中国社会出版社 2003 年版。

［79］张家龙：《数理逻辑发展史》，社会科学文献出版社 1993 年版。

［80］张建军、黄展骥：《矛盾与悖论研究》，（香港）黄河文化出版社 1992 年版。

［81］张建军、黄展骥：《矛盾与悖论新论》，河北教育出版社 1998 年版。

［82］张建军：《科学的难题——悖论》，浙江科学技术出版社 1990 年版。

［83］张建军：《逻辑悖论研究引论》，南京大学出版社 2002 年版。

［84］张建军：《广义逻辑悖论研究及其社会文化功能论纲》，《哲学动态》2005 年第 11 期。

［85］张建军：《不相容逻辑与"矛盾"理论》，《河北学刊》1989年第 6 期。

［86］张建军：*A Study of the Definition of "Logical Paradox"*，载林正弘主编《逻辑与哲学》，（台北）学富文化事业有限公司 2009年版。

［87］张清宇主编《逻辑哲学九章》，江苏人民出版社 2004 年版。

［88］赵总宽主编《逻辑学百年》，北京出版社 1999 年版。

［89］朱水林：《逻辑语义学研究》，上海教育出版社 1992 年版。

［90］邹崇理：《逻辑、语言和蒙太格语法》，社会科学文献出版社 1995 年版。

［91］邹崇理：《自然语言逻辑研究》，北京大学出版社 2001年版。

［92］邹崇理：《逻辑、语言与信息》，人民出版社 2002 年版。

［93］邹崇理：《情境语义学》，《哲学研究》1996 年第 7 期。

后　记

　　当代英国著名哲学家斯蒂芬·里德说："悖论既是哲学家的惑人之物，又是他们的迷恋之物。悖论吸引哲学家就像光吸引蛾子一样。"作为逻辑史上最令人困惑然而却充满着迷人魅力的问题，悖论其实不仅受到哲学家的重视，而且吸引了来自各个不同领域，包括语言学、数学、物理学、哲学、计算机科学和人工智能等多个学科的专家、学者的目光，成为一个广受瞩目的跨学科的课题。

　　我对于悖论问题的关注很早，但正式把它作为研究对象是在南开大学读博期间。1999 年我考入南开大学，师从崔清田先生学习逻辑学，崔先生以常人少有的学术宽容和大度，鼓励我四处访学，步入逻辑哲学研究的新领域。在这样的目标导引下，我有幸结识了南京大学哲学系的张建军教授和中国社会科学院哲学研究所的邹崇理教授，选定了"情境语义学解悖方案"作为研究对象。在诸位老师的悉心指导和无私帮助下，我顺利完成了博士论文。2002 年我来到中国政法大学人文学院哲学系，继续这一课题的研究。在仔细研读文献、认真修改博士论文的基础上，完成了目前的这部专著《语义悖论与情境语义学——情境语义学解悖方案研究》。

　　看着刚刚修改完成的书稿，我的脑海里不断涌现出诸位老师给予的莫大帮助，我的心头一直萦绕着两个字："感谢"！

　　衷心感谢导师崔清田先生。是他把我引入了逻辑学的殿堂，并以"惶者生存"的教导和严格要求，使我有了进步和提高。他那严谨的治学态度和不断进取的学术精神永远值得我学习和尊敬。感谢南开大学逻辑教研室的张晓芒教授、田立刚教授、王左立教授、翟锦程教授、任晓明教授、李娜教授,感谢中南财经政法大学的张斌峰教授,长期以来他们不仅给予我学术上的教益,而且给予我许多其他方面的帮助。

我要向南京大学哲学系的张建军教授表示深深的谢意。论文的写作一直得到他的精心指教,从选题的斟酌确定、材料的搜集和取舍,从谋篇布局到观点的讨论,他都提供了大量独到而有见地的指导性意见。可以说,没有张老师的鼓励、指导和无私的帮助,论文的完成是难以想象的。他对我的教诲,我当永远铭记在心。感谢中国社会科学院的邹崇理教授。论文的写作、书稿的修改,都得到了他的热情帮助和悉心指导。为使我了解情境语义学的基本思想,邹老师曾把尚未出版的著作送给我学习和参考。衷心感谢邹教授对我的无私帮助和支持!

感谢清华大学的王路教授,感谢他在治学道路上对我的引导。感谢中国政法大学哲学系的师友们,特别是文兵教授和王洪教授对我的鼓励、帮助和支持!

感谢江南大学的吴格明教授、南京市委党校的张义生教授,在本书的修改过程中,他们给我提出了中肯的建议并以不同的方式鼓励我继续研究。感谢香港的黄展骥先生,他总是以平等的身份、求真的态度与我展开讨论,极大地激发了我对悖论的研究热忱。

本书是国家社会科学资金后期资助项目的成果,感谢国家社会科学基金为本书的出版提供资助。同时,也感谢中国政法大学人文社会科学项目对本课题的支持。感谢中国社会科学出版社的杨晓芳女士为本书的编辑和出版所付出的辛勤劳动!

纵观当代西方悖论研究,语境敏感型方案、语境迟钝型方案、次协调逻辑方案三大方向的研究交相辉映,蓬勃发展,本书对“语义悖论与情境语义学”的研究只是展现了“冰山一角”。由于个人水平所限,书中难免有不当和错误之处,敬请各位专家和同仁赐教。在本书的写作和修改过程中,我参阅了许多专家、学者的相关论文和论著,在此,我要一并感谢已经列出和未列出的作者们!

王建芳

2009 年 3 月